U0829640

权威·前沿·原创

皮书系列为

“十二五”“十三五”国家重点图书出版规划项目

BLUE BOOK

智库成果出版与传播平台

广州公益慈善蓝皮书

BLUE BOOK OF
GUANGZHOU'S PHILANTHROPY

广州公益慈善事业发展报告（2020）

ANNUAL REPORT ON GUANGZHOU'S
PHILANTHROPY DEVELOPMENT (2020)

主　编／广州市慈善服务中心　广州市慈善会

社会科学文献出版社
SOCIAL SCIENCES ACADEMIC PRESS (CHINA)

图书在版编目（CIP）数据

广州公益慈善事业发展报告．2020／广州市慈善服务中心，广州市慈善会主编．--北京：社会科学文献出版社，2020．12
（广州公益慈善蓝皮书）
ISBN 978－7－5201－7663－7

Ⅰ．①广…　Ⅱ．①广…　②广…　Ⅲ．①慈善事业－发展－研究报告－广州－2020　Ⅳ．①D632．1

中国版本图书馆 CIP 数据核字（2020）第 232860 号

广州公益慈善蓝皮书
广州公益慈善事业发展报告（2020）

主　　编／广州市慈善服务中心　广州市慈善会

出 版 人／王利民
组稿编辑／刘　荣
责任编辑／单远举

出　　版／社会科学文献出版社·联合出版中心（010）59367011
　　　　地址：北京市北三环中路甲 29 号院华龙大厦　邮编：100029
　　　　网址：www. ssap. com. cn
发　　行／市场营销中心（010）59367081　59367083
印　　装／天津千鹤文化传播有限公司

规　　格／开　本：787mm×1092mm　1/16
　　　　印　张：14．75　字　数：215 千字
版　　次／2020 年 12 月第 1 版　2020 年 12 月第 1 次印刷
书　　号／ISBN 978－7－5201－7663－7
定　　价／198．00 元

本报告由广州市福利彩票公益金、第七届
广州市社会组织公益创投活动资助出版

《广州公益慈善事业发展报告（2020）》
编　委　会

摘　要

党的十九届四中全会特别提出“重视发挥第三次分配作用，发展慈善等社会公益事业”，由此，慈善事业成为社会主义基本经济制度、统筹城乡的民生保障制度和共建共治共享的社会治理制度的重要组成部分。这是中央对慈善事业的新定位，为中国特色慈善事业的创新发展提供了战略指引。由此，将慈善事业发展纳入国家治理体系和治理能力现代化的大格局中进行统筹规划，加快推进慈善事业现代化越显重要和紧迫。

2019 年是中华人民共和国成立 70 周年，广州的慈善事业也走过了不平凡的一年。随着“慈善之城”创建的持续推进，广州慈善事业继续保持积极发展态势，具体包括：慈善组织整体数量增长较快，区级层面登记的慈善组织占比提升；具有公募资格的组织数量稳步增长；发起成立基金会和慈善信托成为企业公益的新选择和新模式；社区慈善基金成为广州慈善事业新的增长点；志愿服务制度化建设加快推进，志愿服务的组织化和信息化水平明显提升；枢纽型慈善组织的作用得到发挥，慈善服务的聚合效应开始显现。

2020 年是全面建成小康社会和“十三五”规划的收官之年，也是“十四五”规划的开启之年。为了加快推进广州慈善事业现代化，本报告建议：根据中央对慈善事业的新定位，拓展慈善的价值和功能，构建“大慈善”格局；调动基层政府在推动本土慈善事业发展中的积极性，形成促进慈善事业发展的多层次政策体系；推动慈善会改革创新，激发基金会发展活力，使慈善会和基金会成为驱动广州慈善创新的两大引擎；扩大慈善资源总量，建立以慈善募捐、投资收益、提供服务收入为主要构成的资源模式，形成更加均衡的资源结构；联合各界力量，打造具有广州特色的慈善品牌活动和项目，促进社会公众广泛参与；明确慈善人才培养的目标和定位，建立“多方共育”的慈善人才培养模式。

目录

Ⅰ 总报告

Ⅱ 专题报告篇

Ⅲ　地区发展篇

Ⅳ　年度热点篇

Ⅴ　附　录

皮书数据库阅读**使用指南**

总 报 告

General Report

B.1

重视发挥第三次分配作用，加快推进慈善事业现代化

——广州公益慈善事业发展2019年度综述

广州市慈善服务中心*

摘　要： 党的十九届四中全会特别提出重视发挥第三次分配作用，发展慈善等社会公益事业。中央对慈善事业的新定位为中国特色慈善事业的创新发展提供了战略指引。因此，将慈善事业发展纳入国家治理体系和治理能力现代化的大格局中进行统筹规划，加快推进慈善事业现代化越显重要和紧迫。本文对2019年度广州公益慈善事业整体发展态势进行了分析，并从组织基础、资源基础、社会基础三个层面，对《中华人民共

* 广州市慈善服务中心，公益一类事业单位。本报告由广州市慈善服务中心统稿，广州社会组织研究院执行院长、广州市慈善会理事胡小军执笔。

和国慈善法》实施后与慈善事业发展密切相关的10项制度进行了梳理。在此基础上，提出以下建议：拓展慈善的价值和功能，构建“大慈善”格局，建立市、区、街镇三级联动的政策支持体系，推动慈善会和基金会成为驱动慈善创新的两大引擎，扩大慈善资源总量，形成更加均衡的资源结构，打造联合公益品牌，优化“营善环境”，建立多方共育的慈善人才培养模式。

关键词： 慈善事业　第三次分配　慈善组织　广州市

一　国家治理转型中的慈善事业现代化

（一）党的十九届四中全会对慈善事业的新定位

党的十八届三中全会将“完善和发展中国特色社会主义制度，推进国家治理体系和治理能力现代化”作为全面深化改革的总目标。[①] 党的十九届四中全会进一步明确了坚持和完善中国特色社会主义制度、推进国家治理体系和治理能力现代化的总体目标和重点任务。其中，特别提出“重视发挥第三次分配作用，发展慈善等社会公益事业”。[②] 中共中央政治局委员、国务院副总理刘鹤在《坚持和完善社会主义基本经济制度》一文中指出：“第三次分配是在道德、文化、习惯等影响下，社会力量自愿通过民间捐赠、慈

① 《中国共产党第十八届中央委员会第三次全体会议公报》，新华网，2013年11月12日，http：//www. xinhuanet. com//politics/2013 - 11/12/c_ 118113455. htm。

② 《中共中央关于坚持和完善中国特色社会主义制度　推进国家治理体系和治理能力现代化若干重大问题的决定》，新华网，2019年11月5日，http：//www. xinhuanet. com/politics/2019 - 11/05/c_ 1125195786. htm。

善事业、志愿行动等方式济困扶弱的行为，是对再分配的有益补充。”[①]

党的十九届四中全会将慈善纳入社会主义基本经济制度，成为助力推进国家治理体系和治理能力现代化的一项重要制度安排[②]，确立了慈善等公益事业在我国经济和社会发展中的重要地位[③]。由此，慈善事业成为社会主义基本经济制度、统筹城乡的民生保障制度和共建共治共享的社会治理制度的重要组成部分。这是中央对慈善事业的新定位，为中国特色慈善事业的创新发展提供了战略指引。在此背景下，慈善事业的现代化成为政府和社会各界广泛关注的一大议题，推动慈善事业的现代化也成为一项长期的战略任务。

（二）慈善事业现代化的内涵与核心内容

从社会学的角度来看，“现代化”是一种整体的社会变迁，是一种全社会的现代化和全方位的变革过程，包括观念、经济、社会、文化等多方面的变革。[④] 关于现代慈善以及慈善事业现代化的内涵和特征等，一些学者也进行了研究和探讨。例如，郑功成认为，慈善事业步入现代化需要发展理念的现代化、慈善制度安排的现代化及发展手段的现代化。[⑤] 同时，他还认为中国慈善事业只有植根于丰厚的中华文化土壤并走向现代化，才能获得长足发展。杨团认为，现代慈善本质上就是公民慈善，它的主角是公民以及由公民自组织起来的各类社会组织，它的主宰或称行事准则是公民精神。[⑥] 康晓光认为工商文明塑造了现代慈善模式，“正式慈善组织”是现代慈善的主力

---

① 刘鹤：《坚持和完善社会主义基本经济制度》，《人民日报》2019 年 11 月 22 日，第 6 版。

② 贾晓九：《重视发挥第三次分配作用　推动慈善事业迈上新台阶》，中华人民共和国民政部网站，2019 年 11 月 25 日，http：//mzzt. mca. gov. cn/article/zt_ 19jszqh/mtbd/201911/20191100021607. shtml。

③ 杨斌：《重视发挥第三次分配作用　探寻中国特色公益慈善之路》，人民网，2020 年 1 月 2 日，http：//theory. people. com. cn/n1/2020/0102/c40531 – 31531793. html。

④ 胡鞍钢、鄢一龙、唐啸、刘生龙：《2050 中国：以人民为中心的社会主义全面现代化》，《国家行政学院学报》2017 年第 5 期。

⑤ 《郑功成：加强创新社会治理要求慈善事业现代化》，人民政协网，2020 年 1 月 22 日，http：//csgy. rmzxb. com. cn/c/2020 – 01 – 22/2511715. shtml。

⑥ 杨团：《迈进现代慈善社会》，载于《中国慈善发展报告（2009）》，社会科学文献出版社，2009，第 295 页。

军，其项目具有大规模、大范围、标准化、稳定、持久的特征，并且政府深度介入慈善领域，法律发挥着不可或缺的调节作用。① 王振耀认为以社会组织为主要载体的现代慈善，需要专业管理人才、技术、标准等方面的支撑，并形成内在的社会动力。②

结合已有研究观点，本报告认为慈善事业现代化的关键在于制度建设，或者说要以制度的改革和创新推动慈善事业现代化，进而全面提升我国慈善事业发展水平，实现慈善事业的高质量发展，为推进国家治理体系和治理能力现代化贡献力量。

（三）现代慈善事业发展的制度体系

本报告从组织基础、资源基础、社会基础三个层面出发，对《中华人民共和国慈善法》实施后与慈善事业发展密切相关的10项制度进行梳理，并以此来观察和分析广州公益慈善事业的整体发展状况（见表1）。

表1 《中华人民共和国慈善法》实施后与慈善事业发展密切相关的制度

观察维度	主要制度	简要描述
组织基础	慈善组织认定和登记制度	关注广州登记成立的慈善组织及认定的慈善组织数量、类型及组织形式等
	专业人才培育制度	关注广州慈善专业人才培养体系及相应的人才制度建设
资源基础	公开募捐制度	关注广州具有公开募捐资格的慈善组织数量及募捐实际表现
	慈善财产保值增值制度	关注广州慈善组织年末净资产水平、收入规模及来源结构等
	慈善信托制度	关注广州慈善信托设立单数及财产总规模等
	税收优惠制度	关注获得公益性捐赠税前扣除资格的社会组织数量、类型及组织形式等
	财政支持制度	关注财政资金在广州慈善领域的投入方式及投入力度等

① 康晓光：《超慈善——中国慈善新时代的特征及其由来》，载于《中国第三部门观察报告（2018）》，社会科学文献出版社，2018，第3页。

② 《王振耀：如何认识中国特色的慈善事业?》，人民网，2020年2月6日，http：//politics.people.com.cn/n1/2020/0206/c1001－31573086.html。

续表

观察维度	主要制度	简要描述
社会基础	公众参与制度	关注公众参与慈善的渠道和平台搭建、参与模式及其持续性等
	社会监督制度	关注慈善信息化建设水平、社会监督机构设立与作用发挥、媒体监督等
	表彰奖励制度	关注广州各级政府慈善表彰奖励制度设立及实际执行情况等

首先，“组织化”是现代慈善的重要特征，《中华人民共和国慈善法》首次从法律上明确了慈善组织的概念和范围，确立了慈善组织在慈善事业发展中的主体地位。因此，慈善组织的认定和登记制度就显得尤为重要。与此同时，随着组织化程度的不断提升，必然推动慈善领域的专业化发展，这就需要更多专业人才的加入。因此，慈善专业人才培育制度也成为促进慈善事业现代化的一项重要制度，值得特别予以关注。

其次，慈善事业的现代化需要建立在坚实的资源基础之上。其中，普通公众的捐赠水平、慈善财产的管理水平以及慈善信托的发展水平能够在一定程度上反映某个地区的慈善资源基础、资源活性及其持续性。因此，本报告重点考察公开募捐制度、慈善财产保值增值制度、慈善信托制度的建设情况。此外，税收优惠制度和财政支持制度在促进个人和企业慈善捐赠、撬动多元社会资源等方面也发挥着重要作用，也是本报告考察的对象。

最后，互联网技术的快速发展对整个慈善生态带来变革性影响，极大提高了公众参与慈善的便捷性和慈善的透明度，“人人慈善”正在成为可能。在此趋势下，公众参与制度、社会监督制度必然成为现代慈善制度体系的重要组成部分。此外，《中华人民共和国慈善法》第九十一条规定：“国家建立慈善表彰制度，对在慈善事业发展中做出突出贡献的自然人、法人和其他组织，由县级以上人民政府或者有关部门予以表彰。”慈善表彰奖励制度的建立有助于弘扬慈善精神，推动慈善文化建设，强化慈善事业发展的社会基础。因此，表彰奖励制度也是本报告关注和考察的内容。

二 2019年度广州慈善事业发展态势分析

2019 年是中华人民共和国成立 70 周年，广州的慈善事业也走过了不平凡的一年。自 2017 年启动创建“慈善之城”以来，经过近 3 年的实践，广州慈善事业发展的基础不断夯实，慈善组织的数量较快增长，公众参与慈善的渠道和形式更加多元，慈善监管体系更加完善，慈善文化更加浓厚，一个富有广州特色与活力的城市慈善新生态正在形成。本报告首先对 2019 年度广州慈善事业总体发展态势进行分析。

（一）慈善组织整体数量增长较快，区级层面登记的慈善组织占比提升

截至 2019 年 12 月 31 日，广州登记和认定的慈善组织数量达到 153 家（见图 1），较 2018 年增加了 48 家，增幅达 45.7%。进一步分析新增慈善组

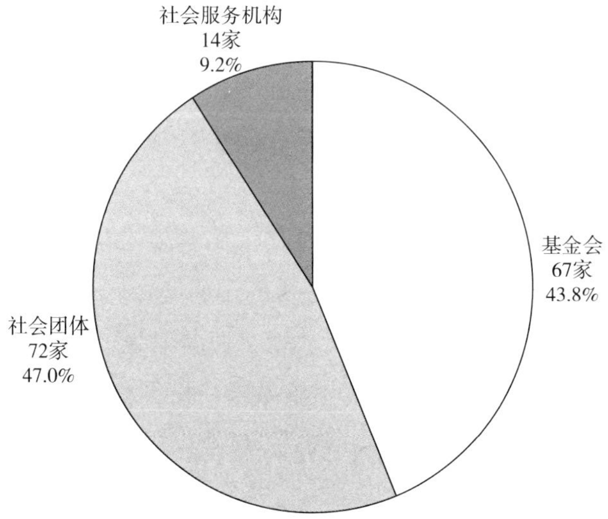

图 1　2019 年度广州慈善组织的组织形式

资料来源：广州市民政局社会组织信息平台，http://www.gzmz.gov.cn/gzsmzj/gznpo/gznpo_index.shtml。

织的登记层级、地域分布及组织形式，结果显示，2019 年度广州新增慈善组织的来源主要有两个部分：一是在广州市级登记注册的慈善组织新增了 27 家，其中基金会仍是慈善组织的主体，新增数量 15 家。二是在区级层面登记注册的慈善组织新增了 21 家，其中番禺区新增慈善组织数量最多，在 2019 年度新增了 19 家，均为街镇社区社会组织联合会及街镇慈善会；黄埔区新增 1 家，增城区新增 1 家，其他区均无变化（见图 2）。

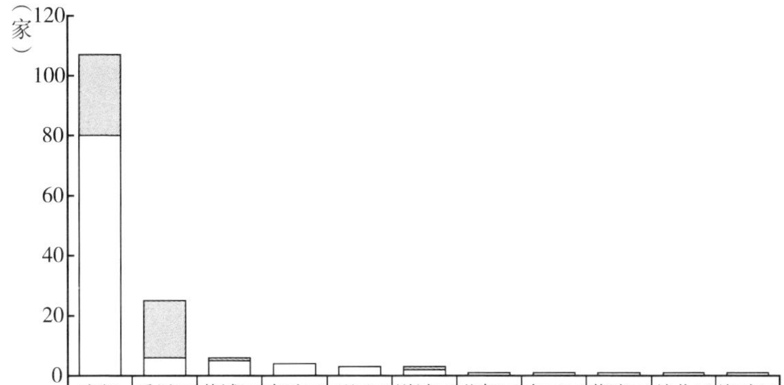

	市级	番禺区	黄埔区	南沙区	天河区	增城区	花都区	白云区	荔湾区	从化区	海珠区
□ 2018年末数量	80	6	5	4	3	2	1	1	1	1	1
▨ 2019年新增数量	27	19	1	0	0	1	0	0	0	0	0

图 2　2019 年度广州慈善组织的地域分布

资料来源：广州市民政局社会组织信息平台，http：//www. gzmz. gov. cn/gzsmzj/gznpo/gznpo_ index. shtml。

（二）具有公募资格的组织数量稳步增长，慈善会和红十字会构成主体

2019 年度，广州市具有公开募捐资格的组织数量达到 14 家，较 2018 年新增了 4 家。新增的组织分别为广州市白云区慈善会、广州市番禺区红十字会、广州市白云区红十字会办公室和广州市从化区红十字会办公室。可以看出，各级慈善会与红十字会仍旧构成广州公募组织的主体（见图 3）。但

是，红十字会在2019年度均未开展公开募捐活动，慈善会发挥着公开募捐的主力作用。①

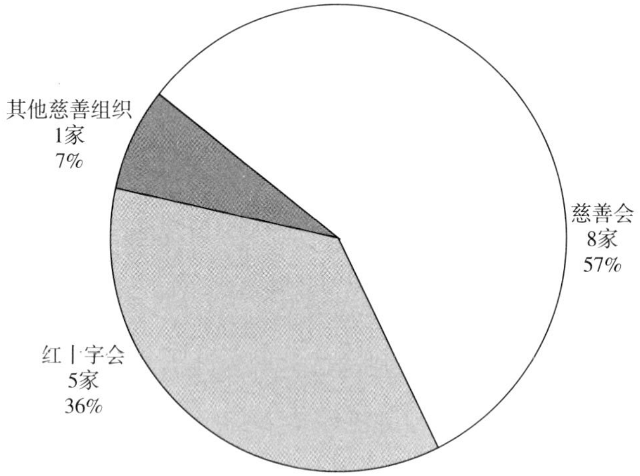

图3　2019年度广州公募组织的构成类型

资料来源：慈善中国官网，http://cishan.chinanpo.gov.cn。

此外，作为首批全国慈善组织互联网公开募捐信息平台，广益联募在国内互联网公益平台中的影响力进一步增强。2019年，平台增加入驻机构65家，包括公募组织18家，广州市外机构32家，省级以下机构占比达86.2%。2019年，平台共发布慈善项目164个。其中，广州市慈善会以外的公募组织认领和发布的募捐项目共57个，占比34.8%，与2018年相比提高17%，入驻平台的公募组织活跃度明显提高。2019年度平台总的筹款数额达到5321.2万元，较2018年度而言，略有增长。②

① 根据《关于红十字会开展公开募捐有关问题的通知》，红十字会开展公开募捐，应当向同级民政部门申领公开募捐资格证书，民政部门直接向红十字会发放公开募捐资格证书；红十字会开展公开募捐活动前，应当依法制定募捐方案，并按照有关规定报同级民政部门备案；红十字会通过互联网开展公开募捐活动，应当在民政部统一或者指定的信息平台发布募捐信息；红十字会应当定期在民政部统一的信息平台发布公开募捐及其使用情况，每年向同级民政部门报送社会捐赠及其使用情况并及时向社会公开；民政部门依法对红十字会接受社会捐赠及其使用情况进行监督。

② 参见《2019年度广益联募平台运营报告》，https://www.gyufc.org。

（三）慈善会的年末净资产和年度收入规模在慈善组织中的占比均超过70%

2019 年度，广州市、区两级慈善会的年末净资产、年度收入规模在慈善组织中继续保持绝对优势。已经认定为慈善组织的市、区两级慈善会共有 10 家[①]，2019 年末净资产总额近 8.9 亿元，年度收入规模达到 5.2 亿元。净资产规模排名前十位的慈善组织中，慈善会共有 8 家。其中，广州市慈善会继续位居第一，年末净资产规模达到 3.7 亿元，年度总收入达到 2.2 亿元（见表 2）。

表 2　广州市慈善组织 2019 年末净资产规模前十位

单位：万元

排名	组织名称	净资产	总收入
1	广州市慈善会	37498.6	22123.3
2	广州市番禺区慈善会	15534.9	8397.6
3	广州农商银行太阳公益基金会	11451.5	807.2
4	广州市黄埔区慈善会	10325.7	3534.5
5	广州市从化区慈善会	7653.4	4601.9
6	广州市南沙区慈善会	4174.3	2708.3
7	广州市花都区慈善会	3731.1	3897.5
8	广州市增城区慈善会	3338.7	1078.0
9	广州市白云区慈善会	2895.9	1929.3
10	广州市妇女儿童福利会	2159.6	381.6

资料来源：广州市民政局社会组织信息平台，http：//www.gzmz.gov.cn/gzsmzj/gznpo/gznpo_index.shtml。

（四）基金会和慈善信托成为企业公益的新选择和新模式

截至 2019 年 12 月底，在广州市登记注册的基金会总数达到了 79 家。

① 广州市荔湾慈善会、广州市越秀区慈善会还未认定为慈善组织。

其中，2019 年度新增 15 家基金会，均登记为慈善组织，总的注册资金为 3300 万元。在新增的基金会中，由企业为主体发起成立的基金会数量最多，所占比例为 60%。从中可以看出，通过基金会这种组织形式开展更具持续性的公益慈善活动，仍是企业公益的主要模式之一。

此外，作为一种新的慈善模式，在《中华人民共和国慈善法》实施后，慈善信托在广州也得到了较快发展。截至 2019 年 12 月底，在广州市民政局备案的慈善信托共有 11 单，与 2018 年相比新增了 4 单（见表 3），总的财产规模达到了 3485.54 万元。其中，在新增的 4 单慈善信托中，委托人为企业和慈善组织的各有 2 单，受托人均为信托公司。

表 3　2019 年度广州市新增备案慈善信托名单

单位：万元

慈善信托名称	备案时间	财产总规模
粤财信托 · 2019 金侨教育助学慈善信托计划	2019 年 5 月 10 日	5
粤财信托 · 小蜜蜂乡村阅读公益助学慈善信托计划	2019 年 9 月 18 日	17
广东省扶贫开发协会 · 粤财信托 · 定点帮扶 1 号慈善信托	2019 年 10 月 16 日	400
粤财信托 · 广东省青少年发展基金会公益助学慈善信托计划	2019 年 11 月 18 日	7.5

资料来源：慈善中国官网，http://cishan.chinanpo.gov.cn。

（五）社区慈善基金成为广州慈善事业新的增长点

社区慈善一直是广州慈善事业发展的重要组成部分。近年来，随着广州市共建共治共享社会治理格局营造工作的深入推进，社区慈善在推进基层治理创新中的独特作用和功能更加凸显。2019 年，广州市民政局发布《广州市实施“社工 + 慈善”战略工作方案》，将设立社区慈善捐赠站点、发展社区慈善基金（会）、打造“社工 + 慈善”品牌服务项目等作为重点工作予以推进。广州市慈善会也配套出台了《社区慈善基金合作服务指引（试行）》和《社区慈善捐赠站合作服务指引（试行）》两个文件。可以看出，广州在推动社区慈善基金发展方面有着自己的思路，即在街道办事处（镇政府）的支持下，充分依托已经实现街镇全覆盖的社工站这一载体和平台①，发挥社工站开展社区服务的优势，探索广州社区慈善基金发展之路。

在此背景下，社区慈善基金在广州得到了基层政府、社区、社工机构、各级慈善会的积极关注，社区慈善基金也从 2019 年开始进入快速发展期。据不完全统计，截至 2019 年 12 月底，在广州市慈善会及各级慈善组织设立的社区慈善基金共有 43 个。其中，在广州市慈善会设立的有 17 个，占 39.5%；在各区慈善会及街镇慈善会设立的有 26 个，占 60.5%。从地域分布来看，广州市番禺区的社区慈善基金数量最多，达到 20 个，占 47%（见图 4）。

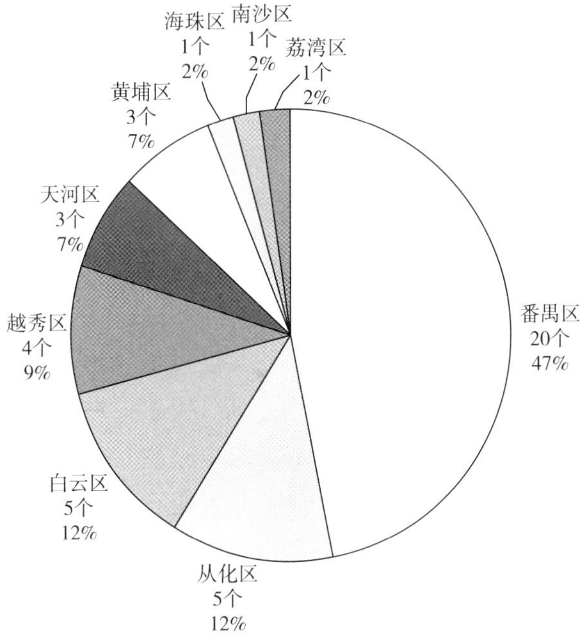

图 4　社区慈善基金的地域分布

注：图中数据根据广州市慈善服务中心提供的资料整理而得。

① 根据广州市民政局发布的数据，广州已在 172 个街镇设立了 201 个社工站，包括 182 个街镇级社工站和 19 个社区级社工站，基本实现了街镇社会工作全覆盖。

社区基金在番禺区得到较快发展，其原因在于番禺区民政局、番禺区社会组织联合会在2016年启动实施“五社联动”共治生态圈建设项目，以社区（村）为平台、社会组织为载体、社会工作者为骨干、社区企业为支撑、社区（村）基金为保障，引导多元主体参与社区治理，实现多方资源整合对接，推进基层社会治理创新。[①] 社区基金成为“五社联动”模式的重要构成要素之一。在已有实践基础上，番禺区民政局还专门研究制定社区基金发展的指导意见，社区基金管理的规范化水平进一步提升。

（六）志愿服务制度化建设加快推进，志愿服务的组织化和信息化水平明显提升

2019年，广州市精神文明建设委员会印发《关于进一步加强广州志愿服务建设的实施方案》，明确了志愿服务工作部门的职责，调整优化志愿服务工作体系，大力推动公共文明引导志愿服务，并特别提出修订《广州市志愿服务条例》。此外，广州市民政局也印发了《关于学习宣传贯彻习近平总书记志愿服务重要指示精神的工作举措》，进一步健全完善志愿服务工作体制机制。在上述一系列政策的推动下，广州志愿服务制度化建设迈上新的台阶，志愿服务组织的数量保持较快增长，为广州深化全域文明创建、建设“慈善之城”和“志愿之城”提供了有力支撑。

按照《志愿服务条例》规定，“志愿服务组织”是指依法成立，以开展志愿服务为宗旨的非营利性组织。志愿服务组织可以采取社会团体、社会服务机构、基金会等组织形式。截至2019年12月底，在广州市、区两级登记注册的社会组织名称中含有“志愿服务”“志愿者”“义工”字样的社会组织共有106家。其中，2013年至2019年期间成立的志愿服务组织占85.8%。此外，在广州市级层面登记的志愿服务组织为20家，占比18.9%；在区级层面登记的志愿服务组织为86家，占81.1%（见图5）。

---

① 《番禺区民政局：首创构建“五社联动”共治生态圈》，大洋网，2019年11月26日，https：//news. dayoo. com/gzrbyc/201911/26/158752_ 52940481. htm。

志愿服务组织的成长和发展有效提升了广州志愿服务的组织化和专业化水平。

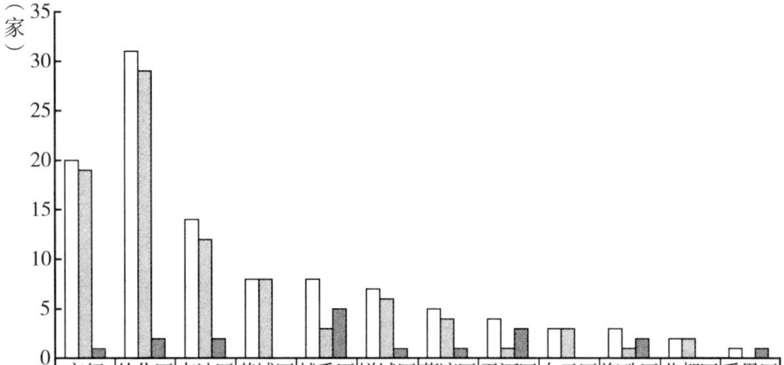

	市级	从化区	南沙区	黄埔区	越秀区	增城区	荔湾区	天河区	白云区	海珠区	花都区	番禺区
□总数量	20	31	14	8	8	7	5	4	3	3	2	1
■社会团体	19	29	12	8	3	6	4	1	3	1	2	0
■社会服务机构	1	2	2	0	5	1	1	3	0	2	0	1

图 5　广州志愿服务组织地域分布

资料来源：广州市民政局社会组织信息平台，http：//www. gzmz. gov. cn/gzsmzj/gznpo/gznpo_ index. shtml。

2019 年度，随着广州公益“时间银行”的上线，广州在志愿服务信息化平台建设方面也走出了重要一步。公益“时间银行”这一平台设置了“活动报名”“培训报名”“加入团队”“公益故事”“服务地图”等板块，具有志愿服务信息发布、志愿服务时数记录、志愿服务积分存储、积分捐赠和兑换等多种功能，主动适应移动互联网时代志愿服务发展的新趋势，为志愿者、志愿服务组织及相关团体提供了便捷、高效的信息服务。

（七）枢纽型慈善组织的作用得到发挥，慈善服务的聚合效应开始显现

自 2015 年以来，以“99 公益日”为标志的互联网公益迅猛发展，极大促进了社会组织在慈善募捐领域的联合与协作，“联合劝募”也成为当下网

络募捐的重要模式之一。同样，由于社会问题的复杂性，为了有效回应社会多元需求，在社会服务提供过程中，更加需要不同社会组织之间的联合与协作，但这需要特定议题领域的枢纽型慈善组织发挥衔接、支持和协调等作用。对此，在2019年度，广州在困境儿童领域开展工作的社会组织进行了富有成效的探索，对其他社会服务领域具有良好的示范作用。

《广州市人民政府关于进一步加强困境儿童保障工作的实施意见》中特别提出："积极发展慈善组织、志愿服务组织，引导和支持慈善力量为困境儿童保障工作提供帮助。"① 作为困境儿童领域的枢纽型慈善组织，广州社联困境儿童关爱中心以"成长道路相伴童行"百名困境儿童结对帮扶等联合公益项目为带动，从资源链接、能力支持、社会倡导等多个层面，搭建困境儿童社会服务网络，呈现很强的聚合效应。广州社联困境儿童关爱中心工作模式如表4所示。类似的实践在广州长者服务、慈善医疗救助等领域也开始有所呈现。

表4　广州社联困境儿童关爱中心工作模式

工作板块	具体实践
联合公益项目	发起"成长道路相伴童行"百名困境儿童结对帮扶项目、"筑梦书房"广州市困境儿童家居学习环境改造项目
多元资源链接	成立"广州社联困境儿童关爱基金"，参与举办"扶贫行善相伴童行"2019广州市社会组织慈善拍卖会，参与"99公益日"网络募捐
专业能力支持	举办"伴童计划"广州市儿童服务类社会组织专才培训班，编印《困境儿童保障关爱政策汇编》《广州市社会组织关爱困境儿童服务指南》
社会倡导活动	联合社会组织共同举办"相伴成长童庆六一"广州市社会组织关爱困境儿童系列活动

资料来源：《广州社联困境儿童关爱中心2019年度报告》。

三　广州慈善事业的制度化建设与发展反思

随着《中华人民共和国慈善法》的深入实施以及"慈善之城"创建的

① 《广州市人民政府关于进一步加强困境儿童保障工作的实施意见》，广州市人民政府门户网站，2018年10月24日，http://www.gz.gov.cn/gfxwj/szfgfxwj/gzsrmzf/content/post_5444664.html。

持续推进，广州慈善制度化建设不断加强，一个与现代慈善事业发展要求和社会发展规律相适应的慈善制度体系正在形成。与此同时，经过多年的快速发展，广州慈善发展也逐步进入平缓期，慈善生态结构、慈善事业的发展动力、关键要素及其流动方式等必然经历深刻的变化。在此情况下，进一步加快慈善制度创新、加强慈善行业能力建设就显得尤为重要。基于这一认识和理解，以下重点对广州当前的慈善制度及其效应进行分析和探讨。

（一）慈善组织认定和登记制度

《中华人民共和国慈善法》实施后，民政部制定出台了《慈善组织认定办法》，广州市民政局也印发了《申请慈善组织认定办事指南》，为慈善组织的认定提供指引和便利。对广州慈善组织成立时间的分析结果显示，从 1993 年到 2019 年，广州市共成立慈善组织 153 家，其中，在 2017 年到 2019 年期间成立的慈善组织共有 116 家，占全部数量的 75.8%（见图 6）。进一步对比慈善组织的成立时间和认定时间，可以发现，绝大多数慈善组织是在 2016 年之后登记成立的，而在《中华人民共和国慈善法》实施前已经成立的存量社会组织参与慈善组织认定的比例较低，并且参与认定的社会组织主要为慈善会和基金会。

社会组织申请认定为慈善组织的积极性不高，这在很大程度上反映出慈善组织认定制度的激励相对不足。[①] 社会组织认定为慈善组织后，在管理费用、信息公开等方面需要符合《关于慈善组织开展慈善活动年度支出和管理费用的规定》《慈善组织信息公开办法》等规定，这对社会组织自身的管理水平提出了更高要求。但是，在认定为慈善组织后，在税收优惠等方面的政策配套不够，社会组织对于政策的“获得感”不强。因此，如何完善和调整慈善组织认定制度也是广州在深入推进慈善制度化建设中需要思考的重要问题。

① 俞祖成：《慈善组织认定：制度、运作与问题——基于深圳实践的观察》，《浙江工商大学学报》2017 年第 3 期，第 107 ~ 114 页。

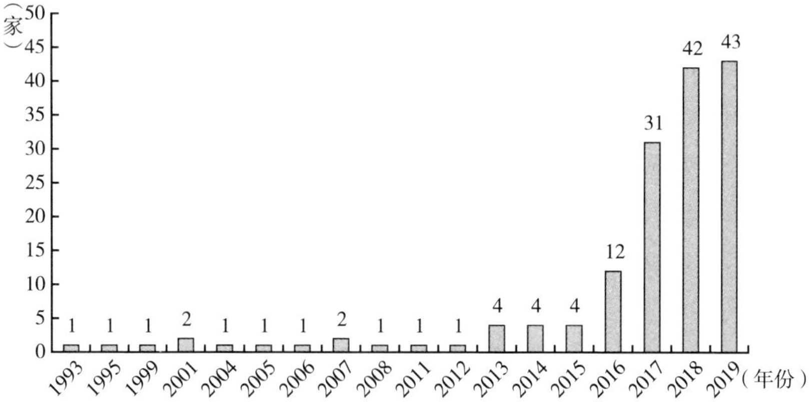

图 6 广州慈善组织的成立时间

资料来源：广州市民政局社会组织信息平台，http：//www. gzmz. gov. cn/gzsmzj/gznpo/gznpo_ index. shtml。

（二）慈善专业人才培育制度

如前所述，组织化和专业化是现代慈善事业发展的重要特征。近年来，慈善专业人才的培育、引进和使用得到政府、慈善组织等各方越来越多的重视。《中华人民共和国慈善法》第八十八条规定："国家鼓励高等学校培养慈善专业人才，支持高等学校和科研机构开展慈善理论研究。"高校、基金会、慈善行业组织、社会智库机构等发起实施了诸多慈善人才培养项目，也逐渐形成了一些各具特色的慈善人才培养模式。例如，北京大学光华管理学院"益行者项目"、北京师范大学珠海分校公益慈善管理专业方向辅修班、广东省和的慈善基金会"顺德公益慈善人才培养项目"、深圳国际公益学院"国际慈善管理 EMP 项目"等。

考察广州在慈善人才培育方面的工作，当前主要依托慈善行业组织——广州市公益慈善联合会以项目化的方式开展。从 2017 年开始，广州市公益慈善联合会启动"善知学园计划"，打造"公益人的专属课堂"，已经连续举办三年。此外，作为在公益慈善教育领域一种新的探索，广东岭南职业技术学院岭南公益慈善学院在 2018 年揭牌成立。该学院由广东省岭南教育慈善基金会筹资设立，采取与广东岭南职业技术学院合作办学模式，从 2018 年 8 月正式面向应届高中毕业生招生。①

可以看出，在推进“慈善之城”创建过程中，广州非常重视慈善人才培养工作，一些实践在全国也产生了一定影响。但是，与广州现代慈善事业发展需求相比，慈善人才培育实践及相关制度的建设仍显滞后，主要表现在如下三个方面：第一，当前对“慈善专业人才”的理解和界定还不清晰，慈善人才培养的目标和定位不够明确，慈善人才资源开发投入有限；第二，广州高校聚集和教育资源丰富的优势没有得到充分发挥，由高校发起实施的慈善专业人才培养计划较少，已有培养模式的创新性和持续性均显不足；第三，较其他领域而言，广州慈善领域对全国人才的吸引力相对不足，人才竞争比较优势不明显，慈善人才发展环境有待进一步优化。

（三）公开募捐制度

公募资格许可是公开募捐制度的核心所在。除了各级红十字会外，广州具有公募资格的慈善组织共有 9 家。在 2019 年度，有 8 家慈善组织共发起 213 项公募项目②，在项目数量上与 2018 年度基本持平。其中，由广州市慈善会发起的公募项目数量依然最多，共有 126 项，占全部公募项目数量的近 60%。进一步考察项目的实际募捐成效，结果显示，在 213 个项目中有 119 个募集到款项，占比 55.9%；94 个项目未筹集到款项，占比 44.1%。此外，在募捐方案中设立了筹款目标的项目有 187 个，实现了预定筹款目标的项目有 20 个，占比 10.7%。与 2018 年度相比，项目筹款目标完成率、募集到款项的项目所占比例这两项指标均有所改善。

《中华人民共和国慈善法》确立了以公开募捐资格许可和募捐方案备案为核心内容的公募制度，其配套规定《慈善组织公开募捐管理办法》对申请公开募捐资格的条件等进行了明确。此外，与不具有公募资格的慈善组织

---

① 参见岭南公益慈善学院官网，https：//wwww. lnc. edu. cn/dp/sec/cs/g/Index. html。

② 这里所统计的公募项目数量是指通过“慈善中国”网站查询到的募捐截止时间为 2019 年的项目。

相比，《关于慈善组织开展慈善活动年度支出和管理费用的规定》和《慈善组织信息公开办法》对具有公募资格的慈善组织的支出、管理费用和信息公开也进行了特别规定。自《中华人民共和国慈善法》实施以来，观察公募制度在广州的实践，可以发现，具有公募资格的组织以慈善会、红十字会为主体，这些组织在《中华人民共和国慈善法》实施前本身就可以开展公募，而新增的民间性质的公募组织仅有 1 家，并且还没有公募型基金会，公募组织的整体结构并未发生太大变化。

（四）慈善财产保值增值制度

近年来，慈善财产的保值增值问题逐渐得到捐赠人、慈善组织和金融机构的重视。《慈善组织保值增值投资活动管理暂行办法》也于 2019 年 1 月 1 日施行。其中，具有一定资产实力的慈善会和基金会的财产管理情况尤其值得关注，本报告对这两类组织专门进行了分析。

首先，就广州慈善会系统而言，2019 年度市、区两级 12 家慈善会的总收入近 5.4 亿元，其中捐赠收入占到 97.2%，投资收益所占比例很低。

其次，对广州已经认定或登记为慈善组织的基金会 2019 年度收入结构的分析显示了相似的结果，投资收益在基金会年度收入结构中所占比例同样偏低。对 2019 年之前成立的 47 家基金会的收入来源进行分析①，结果显示，在 2019 年度基金会的总收入中，投资收益所占比例为 14%（见图 7）。其中，广州农商银行太阳公益基金会的投资收益占全部投资收益的比例达 88.6%，74.5% 的基金会在 2019 年度没有来自投资收益的收入。这一现实状况一方面反映出基金会自身的慈善财产管理能力不足，慈善财产面临缩水风险；另一方面，也反映出金融在推动广州慈善创新中的作用还未有效发挥。

① 截至 2019 年 12 月 31 日，在广州慈善组织中共有 67 家基金会，其中在 2019 年之前成立的有 52 家。在这 52 家基金会中，有 5 家没有获取 2019 年度的财务数据，因此分析的样本数为 47 家。

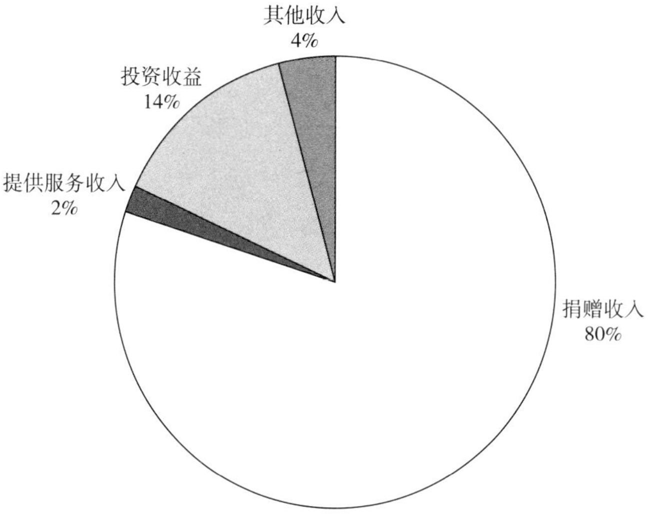

图7　广州基金会2019年度收入结构

资料来源：广州市民政局社会组织信息平台，http：//www.gzmz.gov.cn/gzsmzj/gznpo/gznpo_ index.shtml。

（五）慈善信托制度

慈善信托制度作为《中华人民共和国慈善法》中的一项制度创新，曾引起社会的广泛关注，在广州市民政局备案的慈善信托单数也逐年增加。本报告对2016年至2019年期间备案的11单慈善信托的受托人、委托人的构成以及财产规模进行了分析。结果显示，除了广州市慈善会与一家信托公司共同担任“陕国投·实地集团扶贫济困慈善信托”的受托人外，其余慈善信托的受托人均为信托公司。关于委托人的构成，除了未公开委托人的一单慈善信托[①]外，在其余的10单信托中，有3单的委托人为在广东省级登记的慈善组织。此外，关于慈善信托的财产规模，在1000万元以上的仅有1单，财产规模整体较小（见图8）。

由此可见，广州慈善组织在慈善信托中的相应实践较少，以慈善组织为

① “粤财信托·2018润泽慈善信托计划”的委托人未公开。

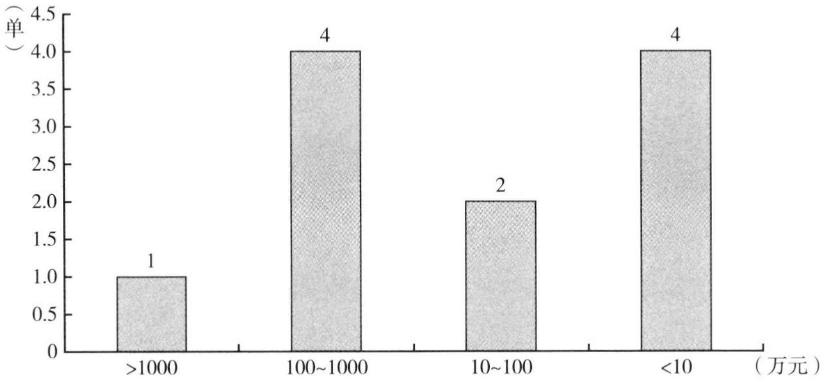

图 8 在广州市民政局备案的慈善信托财产规模

资料来源：慈善中国官网，http：//cishan. chinanpo. gov. cn。

唯一受托人的慈善信托还未出现。此外，在已备案的慈善信托中，一些信托资金规模相对较小。因此，作为一种新的慈善模式，慈善信托的探索才刚刚开始，若期望通过慈善信托撬动更多社会资源进入慈善领域，使其在广州现代慈善事业发展中发挥更加实质而重要的作用，还需要更多的实践，需要慈善信托制度的不断完善。其中，慈善组织信托资金专户的开设、慈善信托税收优惠政策的明确、以非货币资产设立慈善信托的财产登记等①，仍是接下来需要着力推动解决的关键问题。

（六）税收优惠制度

慈善税收优惠问题一直得到各界的高度关注。根据已有研究，中国现行的慈善税制包括4个板块，即非营利组织免税资格和公益性捐赠税前扣除资格、社会组织自身活动的税收优惠、企业和个人等捐赠人的税收优惠以及受益人的税收优惠。② 其中，公益性捐赠税前扣除资格的获取是社会组织最为关注的问题

① 金锦萍：《慈善信托的规制之道——兼评〈慈善信托管理办法〉》，《中国社会组织》2017年第16期，第23~27页。

② 栗燕杰：《我国慈善税收优惠的现状、问题与因应——以慈善立法为背景》，《国家行政学院学报》2015年第6期，第93~97页。

之一。对此，广州积极简化资格确认流程，取消社会组织报送申请报告和相关资料的环节，减轻社会组织负担。[①] 根据《2019 年广州市市、区两级获得公益性捐赠税前扣除资格公益性社会团体名单》，广州全市共有 89 家社会组织具有公益性捐赠税前扣除资格，基金会占比最高，达到 71%（见图 9）。此外，为了适应网络捐赠的发展趋势，提高社会组织财务管理效率，深入推进"放管服"改革，从 2019 年开始，广州全面推行慈善电子捐赠票据。2019 年 9 月 20 日，广州市慈善会开出全市首张电子捐赠票据，具有标志性的意义。[②]

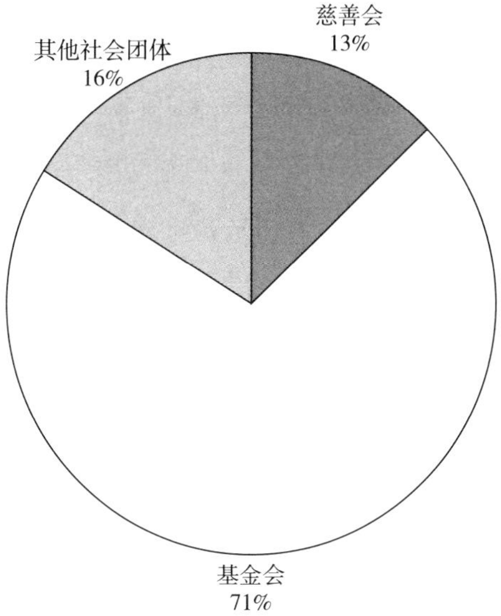

图 9　获得公益性捐赠税前扣除资格的社会组织类型

资料来源：广州市民政局社会组织信息平台，http：//www. gzmz. gov. cn/gzsmzj/gznpo/gznpo_ index. shtml。

发挥好税收杠杆在慈善发展中的作用，对于推进我国慈善事业现代化具有十分重要的作用。但在很多情况下，慈善税收优惠政策创新在地方层面还

① 《关于〈关于广州市公益性捐赠税前扣除资格确认有关事项的通知〉的政策解读》，广州市民政局，2017 年 5 月 26 日，http：//www. gzmz. gov. cn/gzmzjg/snzc/201705/87458ab371e7444db82ce16abd3aeeb8. shtml。

② 《广州首张慈善捐赠电子票据在市慈善会"面世"!》，澎湃新闻，2019 年 9 月 23 日，https：//www. thepaper. cn/newsDetail_ forward_ 4500891。

难以推动和突破，需要更高阶位的法律法规予以完善。例如，按照《中华人民共和国慈善法》第三十六条的规定，捐赠财产包括货币、实物、房屋、有价证券、股权、知识产权等有形和无形财产。但是，当前非货币捐赠税收优惠制度供给严重不足，这在很大程度上制约了慈善财产规模的扩大，与广州2019年度2.36万亿元的GDP总量相比，慈善事业的资源基础仍旧薄弱。因此，推动慈善税收优惠制度创新仍是一项值得长期努力的任务。

（七）财政支持制度

2019年度，广州市民政局继续开展社会组织公益创投活动，并制定了新的《广州市社会组织公益创投项目管理办法》，将“培育发展社会组织，促进公益慈善事业发展，推进社会治理创新”作为公益创投的核心目的。与过往相比，新的管理办法提高了项目资助额度，明确了人员费用支出比例，即每个项目最高可获得50万元资助，资助资金用于人员费用支出部分的比例最高可达到30%。[①] 在广州市社会组织公益创投实践中，来自政府的项目资助资金有效发挥了社会多元资源的撬动作用（见图10）。

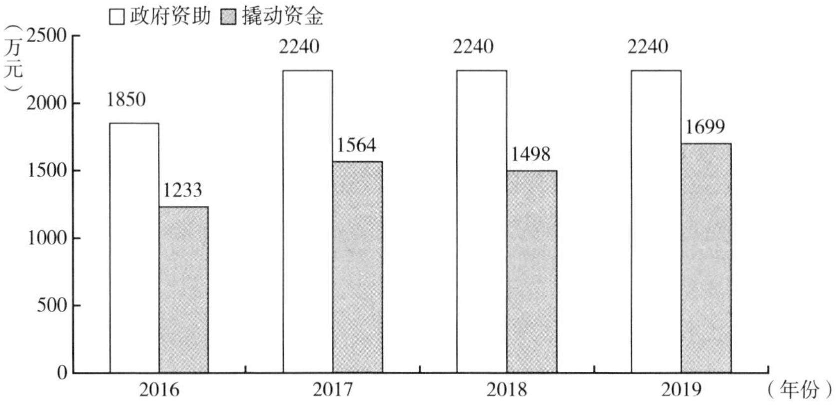

图10　2016~2019年广州市社会组织公益创投资金投入

资料来源：广州市社会组织联合会，http://www.gzfso.org.cn/html/venture/gz。

① 《关于〈广州市社会组织公益创投项目管理办法〉的政策解读》，广州市民政局，2019年7月22日，http://www.gzmz.gov.cn/gzsmzj/npozcfg/201907/efdc92549b734592a0e31ad595281b3f.shtml。

促进社会公益事业发展是公共财政的重要职能。《中华人民共和国慈善法》第八十七条规定："各级人民政府及其有关部门可以依法通过购买服务等方式，支持符合条件的慈善组织向社会提供服务，并依照有关政府采购的法律法规向社会公开相关情况。"但是，当前对慈善组织的财政支持体系还未形成，支持力度不大，特别是面向初创型、中小型慈善组织缺乏针对性的财政扶持政策。因此，如何建立促进慈善事业发展的公共预算、财政补贴、购买服务、资金监管等制度体系，创新慈善领域的财政支持方式，也是广州在推进慈善事业现代化发展中需要优先探索和重点突破的领域。

（八）公众参与制度

移动互联网技术的快速发展极大提升了慈善领域公众参与的总体水平，"全民公益""人人公益"的理念深入人心。广州在"慈善之城"创建中，秉承"人人慈善为人人"的理念，不断建立和完善公众参与制度，主要体现在四个方面：第一，打造广益联募平台，为公众捐赠提供便捷化平台和渠道；第二，将慈善融入广州市民日常生活，打造"慈善+体育""慈善+民俗"等慈善活动品牌，例如"乐善骑"、慈善花市、慈善庙会等；第三，培育社区志愿服务组织，鼓励社区居民参与志愿服务，推动志愿服务常态化；第四，鼓励在街镇、社区层面设立社区慈善基金、社区慈善捐助站点，动员整合社区多元资源，激发社区自我活力，构建参与式社区互助服务体系。

从广州的实践可以看出，慈善领域公众参与制度的建设，首先需要慈善信息的公开和流动，诸如广益联募、公益"时间银行"等网络捐赠和志愿服务对接平台的搭建就显得尤为关键。其次，需要慈善组织等持续发起和实施参与门槛较低、体验性和趣味性较强的公益慈善及志愿服务活动，促进普通公众对慈善的了解和支持。最后，公众参与制度还包括公众对慈善组织及慈善活动监督机制的构建。

（九）社会监督制度

慈善本质上是社会的事业。因此，在慈善综合监管体系中，除了行政监管、行业自律外，社会监督的作用日益凸显。在社会监督制度建设方面，广州一直走在全国前列，特别是广州市慈善组织社会监督委员会的成立曾在国内引起广泛关注。毫无疑问，社会监督的实施要以慈善信息的有效披露为前提。对此，广州市社会组织从2015年开始实行年度报告制度，并建立了市、区社会组织公共服务信息平台，公众可以较为便捷地对社会组织的登记信息、年报信息以及是否存在违法失信等行为进行查询。

此外，为了更加直观地反映慈善组织信息公开状况，广州市慈善组织社会监督委员会早在2014年就基于《广州市募捐条例》中的相关规定，定期开展慈善组织募捐透明度评价工作，并向社会公开评价结果。在《中华人民共和国慈善法》实施后，根据新的法律法规及《慈善组织信息公开办法》等配套规定要求，进一步完善慈善组织透明度评价制度，发布透明度年度榜单。2019年度慈善组织透明度评价结果显示，广州慈善组织透明度整体表现良好，信息公开的广度和深度不断拓展。2019年度，广州地区有142家慈善组织参与了透明度评价。其中，被评价为A级的慈善组织占29.6%，被评价为B级的慈善组织占45.8%，被评价为C级的慈善组织占24.6%（见图11）。[①] 接下来，可在慈善组织透明度评价的基础上，构建更加完善

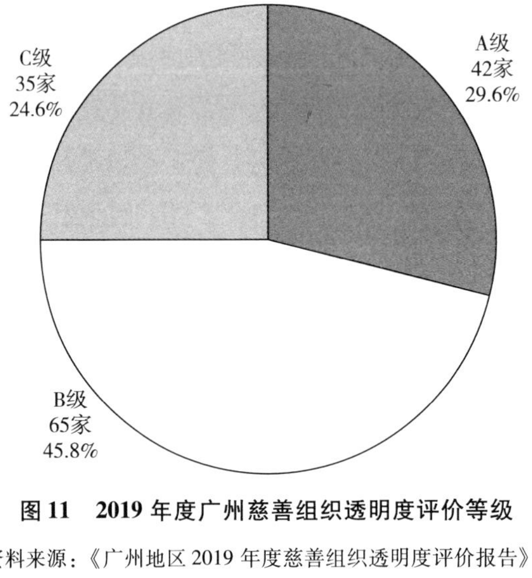

图11　2019年度广州慈善组织透明度评价等级

资料来源：《广州地区2019年度慈善组织透明度评价报告》。

① 广州市慈善组织社会监督委员会：《广州地区2019年度慈善组织透明度评价报告》，2020年8月。

的慈善组织社会评价制度，增进政府、媒体、企业以及社会各界对广州慈善组织的了解，增强社会对慈善组织的信心。

（十）表彰奖励制度

慈善活动是个人或组织自愿开展的公益活动，“自愿性”是慈善事业的内在属性。慈善表彰奖励制度的建立对于传播慈善文化、营造人人向善的良好社会氛围、激发各界参与慈善的热情具有不可替代的作用和价值。广州市按照《民政部、人力资源社会保障部关于建立和完善慈善表彰奖励制度的指导意见》等政策要求，逐步建立了覆盖广泛、特色鲜明的慈善表彰奖励制度。

首先，每年都发布“广州慈善榜”。以2019年度为例，“广州慈善榜”包括“捐赠榜”“影响力榜”“歌曲榜”“年度特别致敬慈善人物”。其中，“影响力榜”又分为“最具影响力慈善企业”“最具影响力慈善人物”“最具影响力慈善（公益）组织”“最具影响力慈善项目”“文化传播影响力榜”，奖项覆盖非常广泛。

其次，有研究表明，中国社会“家本位”的传统文化在相当大程度上影响了我国慈善事业的发展特点，家庭在慈善行为发生和慈善文化培育中扮演多面角色。因此，慈善组织作为形塑慈善场域的重要行动者，在工作中要充分重视家庭代际关系，将慈善精神深深嵌入家庭文化之中。[①] 从2018年开始，广州市民政局、市文明办、市妇联以“慈善为民，爱传万家”为主题，连续举办寻找广州市十大最美“慈善家庭”活动，这一特色慈善表彰奖励活动以独特的视角弘扬崇德向善的慈善精神，取得了良好的社会反响。

四　加快推进广州慈善事业现代化的战略思考

2020年伊始，新冠肺炎疫情的暴发对我国经济社会发展带来巨大的冲击。

① 杨永娇、史宇婷、张东：《个体慈善捐赠行为的代际效应——中国慈善捐赠本土研究的新探索》，《社会学研究》2019年第1期，第183~209页。

面对疫情，在各级党委政府的领导下，各类慈善组织迅速响应，在助力疫情防控和推动复工复产中有效彰显了慈善力量，作出了应有贡献。与此同时，疫情也对我国慈善事业的发展带来深刻影响，慈善组织面临的困难和挑战增大。在此背景下，将慈善事业发展纳入国家治理体系和治理能力现代化的大格局中进行统筹规划和思考①，加快推进慈善事业现代化越显重要和紧迫。

2020 年是全面建成小康社会和“十三五”规划的收官之年，也是“十四五”规划的开启之年。广州“慈善之城”创建迈入新的发展阶段，深化“慈善之城”创建被再次写入《2020 年广州市政府工作报告》，充分体现了广州市委、市政府对慈善工作的高度重视。本报告认为，慈善事业的现代化是一个包含了慈善理念、制度安排、手段方法等多层面内容的综合创新过程。有效推进慈善事业现代化应在党的领导下，以制度建设为主线，深化慈善体制机制改革，形成与现代慈善事业发展相适应的制度环境，全面提升慈善事业发展水平，满足人民日益增长的美好生活需要。基于前述总结和分析，本报告就如何加快推进广州慈善事业现代化提出以下几点建议。

（一）根据中央对慈善事业的新定位，拓展慈善的价值和功能，构建“大慈善”格局

党的十九届四中全会将慈善纳入社会主义基本经济制度。由此，慈善成为我国基本经济制度、民生保障制度和社会治理制度的重要组成部分。中央对慈善事业的新定位，必将极大拓展慈善发展的前景和空间。《中华人民共和国慈善法》本身就采用了“大慈善”的概念，将慈善的范围扩大到科教文卫体以及生态环境保护领域，这是慈善理念的一次巨大升华，促使慈善事业真正成为社会大众积极参与的事业。② 慈善也只有在全社会范围内形成广泛持久的自觉响应③，才会富有真正的生命力。因此，站在新的历史阶段，

---

① 宫蒲光：《慈善事业：疫后反思》，《社会治理》2020 年第 6 期，第 15 ~ 27 页。

② 王振耀：《期待慈善法催生“大慈善”》，人民网，2016 年 3 月 10 日，http：//opinion. people. com. cn/n1/2016/0310/c1003 - 28186360. htm。

③ 严淑华：《慈善事业发展中的政府角色调适》，《光明日报》2013 年 5 月 4 日，第 7 版。

广州应按照中央对慈善事业新的定位，在以扶贫济困为重点开展慈善活动的同时，着力推动“大慈善”格局的构建，逐步建立与“大慈善”要求相匹配的制度体系。

（二）调动基层政府在推动本土慈善事业发展中的积极性，形成促进慈善事业发展的多层次政策体系

政府在慈善事业发展中具有不可替代的作用。在“慈善之城”创建过程中，广州市级层面相继出台了一系列政策措施，为慈善事业的健康发展营造了良好环境。与此同时，需要注意到的是区级政府层面出台的相关政策比较少，对当地慈善事业发展的引导和支持相对不足，这一点直接反映在区级慈善组织的数量上。截至2019年12月底，在区级层面登记的社会组织数量占广州全市总数的81.8%，但区级慈善组织的数量仅占全市总数的30%[①]，特别是社会服务机构类的慈善组织数量偏少，一定程度上制约了基层慈善服务网络的建设。《中华人民共和国慈善法》规定，县级以上人民政府应当根据经济社会发展情况，制定促进慈善事业发展的政策和措施。因此，为了更好地发挥政府在广州慈善事业发展中的协调、引导和支持作用，应从市级层面的政策支持为主转向构建市、区、街镇三级联动的政策支持体系，调动和激发基层政府的积极性。

（三）推动慈善会改革创新，激发基金会发展活力，使慈善会和基金会成为驱动广州慈善创新的两大引擎

作为区域综合型慈善组织，2019年度广州市、区两级慈善会的总收入近5.4亿元，在资金实力方面具有绝对优势。此外，在慈善组织构成方面，基金会的数量占到广州慈善组织总数的43.8%，2019年度基金会的总收入也超过1亿元。由此可见，慈善会和基金会这两类组织在广州慈善

① 参见广州市民政局社会组织信息平台，http://www.gzmz.gov.cn/gzsmzj/gznpo/gznpo_index.shtml。

组织体系中居于核心地位。因此，在深化“慈善之城”创建过程中，应以更大决心、更大力度推动慈善会的改革创新，使各级慈善会切实发挥城市慈善枢纽的作用和功能，承担起应有的责任。与此同时，应以更切实的举措激发基金会的活力，使慈善会和民间基金会成为驱动广州慈善创新的两大引擎。

（四）扩大慈善资源总量，建立以慈善募捐、投资收益、提供服务收入为主要构成的资源模式，形成更加均衡的资源结构

同国内其他地区一样，广州慈善资源的构成仍以定向捐赠的货币和物资为主要形式，投资收益和提供服务收入在慈善资源结构中所占比例甚少。这一现状一方面说明当前慈善资源的总量不大，资源的限定性较强；另一方面也反映出慈善组织对慈善财产管理的意识和专业能力不足。因此，做大慈善资源总量，优化慈善资源结构，对于促进广州慈善事业的创新与可持续发展具有基础性意义。第一，应适应互联网时代慈善捐赠的大趋势，搭建更加多样化的联合劝募平台，提升慈善组织网络募捐能力；第二，应重视金融手段在慈善领域中的应用，特别是借鉴慈善共同基金（Common Fund）等模式，提升广州慈善行业的财产管理能力和水平；第三，积极引导和鼓励股权、房屋等非货币性资产捐赠实践，虽然这与我国税收制度的改革密切相关，但是先期的“破冰”和探索仍具有重要的示范价值；第四，鼓励慈善组织创新慈善服务模式，探索社会企业等新的模式和方法在慈善服务中的应用。

（五）联合各界力量，打造具有广州特色的慈善品牌活动和项目，促进社会公众广泛参与

广州在“慈善＋体育”“慈善＋民俗”“慈善＋艺术”等方面积累了丰富的经验，为公众参与慈善活动提供了多元化的选择。步入“慈善之城”创建的新阶段，为了推动公众更加广泛、深入地参与慈善活动，让慈善融入市民日常生活，应该联合社会组织、企业、媒体等各界力量，更加系统地开发和

打造“慈善+”品牌体系，实现慈善活动的多层次、广覆盖和常态化。对此，一方面可推动各区结合自身特点及地域文化，打造本地区的慈善品牌活动，例如番禺区“慈善健康行活动”、从化区“荔枝公益定制嘉年华活动”等；另一方面，围绕广州社会关键需求，通过枢纽型、行业型或平台型组织的引领带动，打造多方联动、协同共创的联合慈善品牌项目，例如广州市“百名困境儿童结对帮扶项目”、“耆乐安居”长者居家安全服务项目等。

（六）明确慈善人才培养的目标和定位，建立多方共育的慈善人才培养模式

人才是第一资源，这对于仍处于初步发展阶段的慈善行业更显重要。但在互联网时代，以短期培训为主要形式的人才培养工作边际效益日减，加之对慈善人才本身的理解不一，慈善人才培养体系的建立还需要很长的时间。就广州慈善人才的培养战略而言，建议在加强对现有存量人才职业成长的支持的同时，着眼增量，进一步加强政策引导，优化“营善环境”，增强广州慈善行业对各类专业人才的吸引力。为此，一方面，应立足广州城市定位，紧抓粤港澳大湾区建设机遇，大力培育本土品牌慈善组织，并以更加主动开放的姿态，吸引在全国乃至国际上有一定影响力的慈善机构落地广州，通过平台载体建设实现人才的聚集；另一方面，应积极适应互联网时代教育模式和学习方式的转变，整合和链接国内外优质慈善教育资源，打造在线学习系统和网络。此外，应立足长远，发挥广州高等教育资源丰富的优势，探索和推动慈善通识教育和慈善专业教育融入大学教育。

专题报告篇

Special Reports

B.2
2019年度广州市慈善组织发展状况分析报告

胡小军*

摘　要： 截至2019年12月31日，广州市、区两级登记和认定的慈善组织数量共有153家，较2018年增加了48家，呈现较快的增长速度。2019年度，广州市慈善组织发展呈现如下特点：区级登记的慈善组织数量增多，但地域分布极不均衡；不同类型慈善组织之间的发展差距较大；获得3A及以上评估等级的慈善组织数量较少。对此，建议以更大力度、更大决心继续推动慈善会的改革创新，发挥慈善会的枢纽带动作用；加快基金会行业职业化、专业化人才培养，发挥基金会在慈善创新中的引擎作用；大力宣传社会组织等级评估政策，提升

* 胡小军，广州社会组织研究院执行院长，广州市慈善会理事。

慈善组织参评率；调动基层政府的积极性，推动慈善全面融入基层社会治理和公共服务体系之中，形成市、区、街镇三级联动的慈善政策支持体系。

关键词： 慈善组织　基金会　广州市

慈善组织的数量、发展水平及其实际作用的发挥程度是衡量一个区域慈善事业发展状况的重要指标。以下对广州市2019年度慈善组织的整体发展情况进行分析。

一　广州市慈善组织的数量、类型及区域分布

（一）慈善组织的数量及成立时间

截至2019年12月31日，广州市、区两级登记和认定的慈善组织数量共有153家，较2018年增加了48家，增幅达45.7%。2019年度新增慈善组织的来源主要有两个部分：一是在广州市级登记注册的慈善组织新增了27家，其中基金会仍是慈善组织的主体，新增数量15家。二是在区级层面登记注册的慈善组织新增了21家，其中广州市番禺区新增慈善组织数量最多，在2019年度新增了19家，均为街镇社区社会组织联合会及街镇慈善会；黄埔区新增1家，增城区新增1家，其他区的慈善组织数量均无变化。

对慈善组织的成立时间进行分析，结果显示，广州市慈善会是最早成立的一家慈善组织，1993年登记，1994年召开成立大会。从慈善组织成立时间来看，2016年之前成立的慈善组织数量不多，共计25家。其余的慈善组织均成立于2016年及之后，发展历史相对较短（见图1）。

（二）慈善组织的类型

从慈善组织的类型来看，广州市慈善组织以基金会和社会团体为主。其

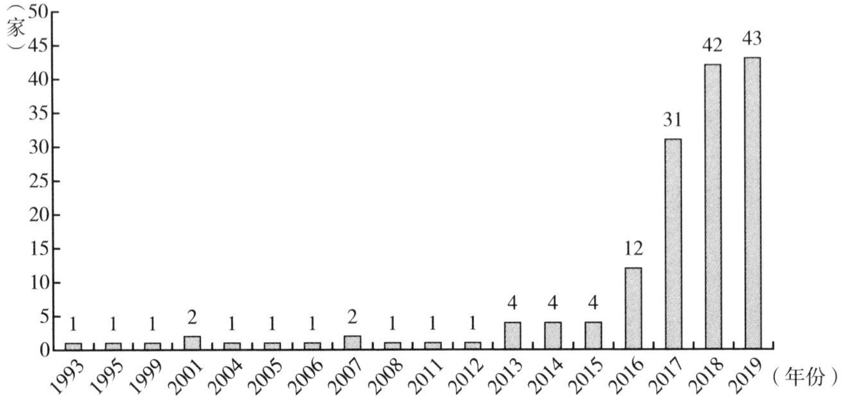

图1　广州市慈善组织成立时间

资料来源：广州市民政局社会组织信息平台，http：//www. gzmz. gov. cn/gzsmzj/gznpo/gznpo_ index. shtml。

中，基金会数量最多，共计 67 家，占比达 43. 8%，且均为非公募基金会。慈善会共有 19 家（包含市、区、镇街级），占慈善组织总数的 12. 4%。除慈善会外的其他社会团体共有 53 家，占 34. 6%，社会服务机构（民办非企业单位）共有 14 家，占 9. 2%（见图 2）。

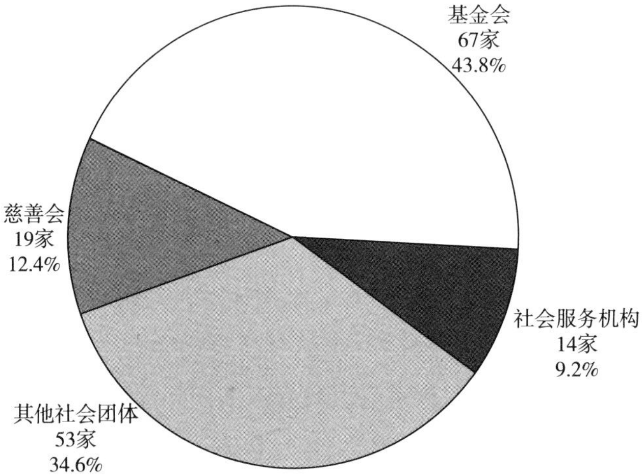

图2　广州慈善组织的组织形式

资料来源：广州市民政局社会组织信息平台，http：//www. gzmz. gov. cn/gzsmzj/gznpo/gznpo_ index. shtml。

（三）慈善组织的登记层级与区域分布

以慈善组织的登记层级为划分标准，截至2019年12月底，在广州市级层面登记的慈善组织为107家，占比69.9%；在区级层面登记的慈善组织有46家，占比30.1%（见图3）。进一步对区级层面登记的慈善组织进行分析，除番禺区外，其他区级层面登记的慈善组织数量均少于10家，越秀区尚无一家慈善组织。

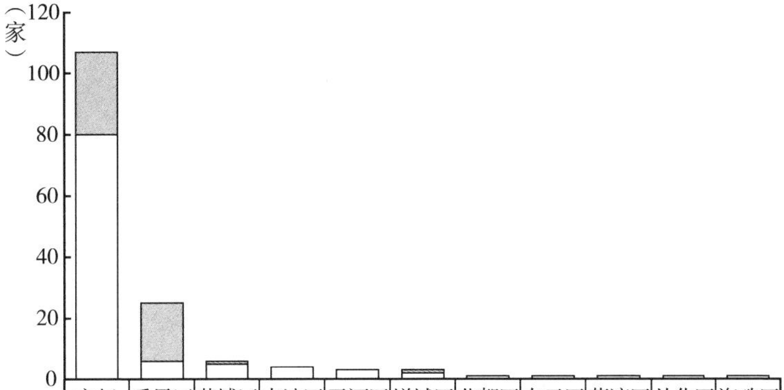

	市级	番禺区	黄埔区	南沙区	天河区	增城区	花都区	白云区	荔湾区	从化区	海珠区
□ 2018年末数量	80	6	5	4	3	2	1	1	1	1	1
■ 2019年新增数量	27	19	1	0	0	1	0	0	0	0	0

图3　2019年度广州慈善组织的登记层级

资料来源：广州市民政局社会组织信息平台，http：//www.gzmz.gov.cn/gzsmzj/gznpo/gznpo_ index.shtml。

若以慈善组织的注册地址为划分标准，发现广州慈善组织主要分布在番禺区、天河区和越秀区，三个地区的慈善组织数量分别为33家、29家和23家，合计占比55.6%。目前，分布在南沙区、花都区、增城区和从化区的慈善组织数量较少，均少于10家（见图4）。

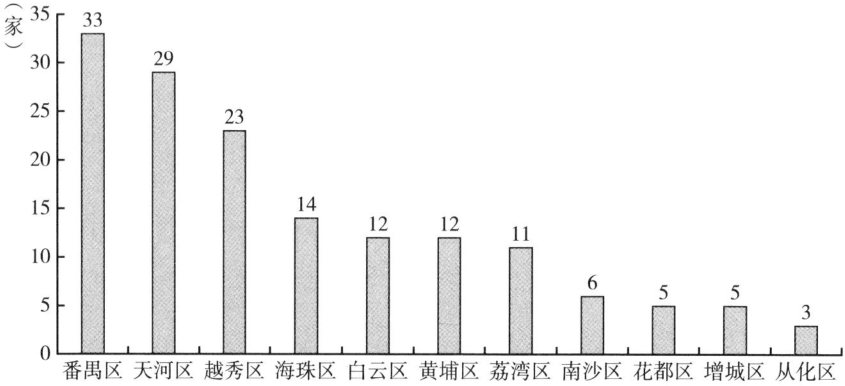

图4　广州市慈善组织的区域分布情况

资料来源：广州市民政局社会组织信息平台，http：//www. gzmz. gov. cn/gzsmzj/gznpo/gznpo_ index. shtml。

二　广州市慈善组织的注册资金、资产水平及年度收支规模

（一）慈善组织的注册资金

注册资金反映了慈善组织成立之初注入组织中的原始资金规模。整体来看，广州市慈善组织的平均注册资金为175. 4万元。其中广州农商银行太阳公益基金会的注册资金最高，达1亿元。在三类慈善组织中，基金会的平均注册资金为388. 9万元，社会服务机构和社会团体分别为17. 7万元和7. 3万元（见表1）。超过一半的慈善组织注册资金在10万元及以下。其中，注册资金为0的慈善组织有36家，包含1家社会服务机构和35家社会团体，主要为镇街慈善会和社区社会组织联合会。

表1　广州市慈善组织的注册资金规模

类型	数量(家)	平均值(万元)	中位值(万元)	最小值(万元)	最大值(万元)
基金会	67	388. 9	200	200	10000
社会服务机构	14	17. 7	10	0	100

续表

类型	数量(家)	平均值(万元)	中位值(万元)	最小值(万元)	最大值(万元)
社会团体	72	7.3	3	0	150
全部慈善组织	153	175.4	10	0	10000

资料来源：广州市民政局社会组织信息平台，http：//www.gzmz.gov.cn/gzsmzj/gznpo/gznpo_index.shtml。

（二）慈善组织的资产水平

通过广州市级和区级民政局社会组织信息平台数据检索，在153家慈善组织中，120家慈善组织能公开查询到2019年度报告，有33家暂未查询到2019年度报告。[①] 因此，本报告以120家慈善组织为样本，对慈善组织年末资产水平、全年收支规模等进行分析（见表2）。

表2　广州市慈善组织2019年末资产规模

类型	指标	资产	净资产
基金会	数量(家)	61	61
	平均值(万元)	539.5	530.1
	总额(万元)	32906.7	32333.4
	中位值(万元)	212.2	205.5
	最小值(万元)	0.1	-9.4
	最大值(万元)	11683.2	11451.5
社会服务机构	数量(家)	13	13
	平均值(万元)	68.7	63.2
	总额(万元)	893.7	821.4
	中位值(万元)	12.6	10.0
	最小值(万元)	0.0	-1.0
	最大值(万元)	711.4	666.7

① 查询截止时间为2020年8月16日。

续表

类型	指标	资产	净资产
社会团体	数量(家)	46	46
	平均值(万元)	2027.1	1992.9
	总额(万元)	93248.7	91673.3
	中位值(万元)	11.4	5.1
	最小值(万元)	0.0	-14.4
	最大值(万元)	37774.9	37498.6
总体	数量(家)	120	120
	平均值(万元)	1058.7	1040.2
	总额(万元)	127049.1	124828.1
	中位值(万元)	193.3	193.3
	最小值(万元)	0.0	-14.4
	最大值(万元)	37774.9	37498.6

资料来源：广州市民政局社会组织信息平台，http：//www. gzmz. gov. cn/gzsmzj/gznpo/gznpo_index. shtml。

广州市慈善组织2019年末资产总额为12.7亿元，平均资产规模为1058.7万元，半数以上的慈善组织资产规模不足194万元。其中，广州市慈善会的资产规模最大，近3.8亿元。对比三类慈善组织的平均资产规模，发现社会团体的平均资产规模远高于基金会和社会服务机构。

从净资产水平来看，广州市慈善组织2019年末净资产总额约为12.5亿元，平均净资产规模为1040.2万元，半数以上的慈善组织净资产规模低于194万元。广州市慈善会的净资产规模最大，约3.75亿元。三类慈善组织中，社会团体的平均净资产规模为1992.9万元，高于基金会（530.1万元），也远高于社会服务机构（63.2万元）。社会团体净资产规模较高主要源于慈善会，若扣除慈善会，其他社会团体的平均净资产规模仅为84万元。

按照2019年末净资产规模由大至小排列，净资产排名前十的慈善组织与上年度差异不大，包含8家慈善会、1家基金会和1家其他社会团体。排在前三位的分别为广州市慈善会、广州市番禺区慈善会和广州农商银行太阳公益基金会（见表3）。

表 3　广州市慈善组织 2019 年末净资产规模前十位

单位：万元

排名	组织名称	净资产
1	广州市慈善会	37498.6
2	广州市番禺区慈善会	15534.9
3	广州农商银行太阳公益基金会	11451.5
4	广州市黄埔区慈善会	10325.7
5	广州市从化区慈善会	7653.4
6	广州市南沙区慈善会	4174.3
7	广州市花都区慈善会	3731.1
8	广州市增城区慈善会	3338.7
9	广州市白云区慈善会	2895.9
10	广州市妇女儿童福利会	2159.6

资料来源：广州市民政局社会组织信息平台，http：//www. gzmz. gov. cn/gzsmzj/gznpo/gznpo_index. shtml。

（三）慈善组织2019年度收入规模

从表4、表5可见，2019年度，广州市慈善组织的收入总额约6.6亿元，平均每家慈善组织的收入水平为547.8万元。半数以上的慈善组织年度总收入低于45万元。广州市慈善会的总收入最高，达2.2亿元，占全市慈善组织年度总收入的33.7%。在各类收入中，慈善组织获得的捐赠收入总额约为6.3亿元，平均每家慈善组织获得的捐赠收入为521.0万元。

进一步分析发现，年度总收入为0的慈善组织占比11.7%，共计14家。总收入排在前十位的慈善组织收入规模合计达到5.3亿元左右，占全市总收入的80.2%。由此可见，广州市各慈善组织收入水平差异较大。

从收入构成来看，与2018年度类似，广州市慈善组织的收入主要来源于捐赠收入，占总收入的95.1%。投资收益占比1.5%，提供服务收入占比为0.4%，政府补助收入占比0.3%，会费收入占比0.2%。

表4 广州市慈善组织2019年度收入情况

单位：万元

收入类型	总额	均值	中位值	最小值	最大值
捐赠收入	62525.1	521.0	23.7	0.0	21314.7
会费收入	129.5	1.1	0.0	0.0	32.0
提供服务收入	247.7	2.1	0.0	0.0	56.4
销售商品收入	4.8	0.0	0.0	0.0	4.8
政府补助收入	222.8	1.9	0.0	0.0	42.3
投资收益	982.0	8.2	0.0	0.0	798.8
其他收入	1627.4	13.6	0.2	0.0	756.6
总收入	65739.2	547.8	44.4	0.0	22123.3

资料来源：广州市民政局社会组织信息平台，http：//www.gzmz.gov.cn/gzsmzj/gznpo/gznpo_index.shtml。

按照2019年度总收入规模由大至小排列，总收入排名前十的慈善组织包含9家慈善会和1家基金会。总收入规模前三位的分别为广州市慈善会、广州市番禺区慈善会和广州市从化区慈善会，占全市总收入的比例分别为33.7%、12.8%、7.0%（见表5）。

表5 广州市慈善组织2019年度总收入规模前十位

单位：万元，%

排名	组织名称	总收入	占比
1	广州市慈善会	22123.3	33.7
2	广州市番禺区慈善会	8397.6	12.8
3	广州市从化区慈善会	4601.9	7.0
4	广州市花都区慈善会	3897.5	5.9
5	广州市黄埔区慈善会	3534.5	5.4
6	广州市海珠区慈善会	2724.0	4.1
7	广州市南沙区慈善会	2708.3	4.1
8	广州市白云区慈善会	1929.3	2.9
9	广州市越秀教育发展基金会	1738.7	2.6
10	广州市增城区慈善会	1078.0	1.6

资料来源：广州市民政局社会组织信息平台，http：//www.gzmz.gov.cn/gzsmzj/gznpo/gznpo_index.shtml。

（四）慈善组织2019年度支出规模

2019 年度，广州市慈善组织的支出总额约 5.3 亿元，平均每家慈善组织总支出为 440.3 万元（见表 6）。其中，9 家慈善组织 2019 年的总支出为 0，数量占比为 7.5%。广州市慈善会的总支出水平最高，约 2.4 亿元，占全市总支出的 45.5%。120 家慈善组织在 2019 年度发生的业务活动成本总额约 5.0 亿元，平均每家慈善组织发生的该项支出为 416.3 万元。另外，平均每家慈善组织发生的管理费用、筹资费用和其他费用分别为 17.5 万元、6.2 万元和 0.3 万元。

从支出构成来看，慈善组织的支出主要由业务活动成本构成。业务活动成本在总支出中所占的比例为 94.5%；管理费用所占的比例为 4.0%；筹资费用和其他费用占比分别为 1.4% 和 0.1%。

表 6　广州市慈善组织 2019 年度支出规模

单位：万元，%

类型	总额	占比	平均值	中位值	最小值	最大值
业务活动成本	49950.6	94.5	416.3	21.4	0.0	23165.4
管理费用	2101.2	4.0	17.5	1.5	0.0	848.6
筹资费用	747.7	1.4	6.2	0.0	-1.5	718.7
其他费用	32.1	0.1	0.3	0.0	0.0	22.9
总费用	52831.6	100.0	440.3	34.0	-0.2	24013.9

资料来源：广州市民政局社会组织信息平台，http://www.gzmz.gov.cn/gzsmzj/gznpo/gznpo_index.shtml。

按照 2019 年度业务活动支出规模由大至小排列，排名前十位的慈善组织包含 8 家慈善会、1 家其他社会团体和 1 家基金会，其业务活动成本占全市的 87.%。排在前三位的分别为广州市慈善会、广州市番禺区慈善会和广州市花都区慈善会，业务活动成本占全市业务活动成本的比例分别为 46.4%、8.1%、7.6%（见表 7）。

表 7 广州市慈善组织 2019 年度业务活动支出规模前十位

单位：万元，%

排名	组织名称	业务活动支出	占比
1	广州市慈善会	23165.4	46.4
2	广州市番禺区慈善会	4032.8	8.1
3	广州市花都区慈善会	3793.9	7.6
4	广州市海珠区慈善会	2995.2	6.0
5	广州市从化区慈善会	2905.9	5.8
6	广州市南沙区慈善会	1747.7	3.5
7	广州市黄埔区慈善会	1572.4	3.1
8	广州市白云区慈善会	1559.3	3.1
9	广州市乐善助学促进会	1001.2	2.0
10	广州农商银行太阳公益基金会	681.4	1.4

资料来源：广州市民政局社会组织信息平台，http：//www.gzmz.gov.cn/gzsmzj/gznpo/gznpo_index.shtml。

三 广州市慈善组织发展态势与特点

（一）区级登记的慈善组织数量增多，但地域分布极不均衡

2019 年度广州市新增 48 家慈善组织。新增组织以广州市民政局和番禺区民政局登记为主，并且新增组织主要为本年度新成立的组织，在 2019 年之前成立申请认定为慈善组织的数量很少。虽然区级慈善组织的数量增多，但是主要由番禺区贡献，区域分布极不均衡，其他 10 个区的数量并无太大变化。当前，社会组织申请认定为慈善组织的积极性不高，这在很大程度上反映出慈善组织认定制度的激励相对不足①，需要采取更多激励性措施予以推动。

① 俞祖成：《慈善组织认定：制度、运作与问题——基于深圳实践的观察》，《浙江工商大学学报》2017 年第 3 期，第 107～114 页。

（二）慈善组织平均年末净资产和收支规模与2018年度基本持平

2019 年度，广州市慈善组织整体数量增长较快。与 2018 年度广州市慈善组织的财务数据进行对比发现，2019 年度慈善组织的平均净资产规模、总收入和总支出规模与上年度基本持平（见表 8）。此外，慈善组织的资产结构也未发生太大变化，仍以货币资金为主体，非货币性资产所占比例依旧很低。

表 8　广州市慈善组织 2018 年度与 2019 年度规模对比情况

单位：万元

	指标	2018 年(N＝103)	2019 年(N＝120)
平均值	净资产	1088.2	1040.2
	总收入	580.3	547.8
	业务活动成本	462.2	416.3

资料来源：广州市民政局社会组织信息平台，http：//www.gzmz.gov.cn/gzsmzj/gznpo/gznpo_index.shtml。

（三）不同类型慈善组织之间的发展差距较大

数据显示，无论是年末净资产水平还是年度收支规模，广州市慈善会及各区慈善会远高于其他类型的慈善组织。因此，慈善会的作用是否有效发挥对于区域慈善事业发展具有重要影响。此外，慈善组织体系中基金会的数量虽然相对较多，但是活跃度略显不足，特别是在公益项目资助、资源平台搭建、跨界合作推动等方面的作用还未显现。最后，现有慈善组织中社会服务机构数量偏少，一定程度上影响基层社区慈善服务体系的建设。

（四）获得3A 及以上评估等级的慈善组织数量较少

在 153 家慈善组织中，获得评估等级的组织有 19 家，占比 12.4%。其中，获得 5A 等级的慈善组织有 4 家，分别为广州市慈善会、广州市天河区慈善会、广州市增城区慈善会和广州市黄埔区慈善会。获得4A等级的慈善组织有3家，获得3A等级的慈善组织有7家，获得2A等级的慈善组织有3家，获得1A等级的慈善组织有2家（见图5）。2020年5月由财政部、税务总局、民政部印发的《关于公益性捐赠税前扣除有关事项的公告》规定，“社会组织评估等级为3A以上（含3A）且该评估结果在确认公益性捐赠税前扣除资格时仍在有效期内”是慈善组织取得公益性捐赠税前扣除资格的一项基本条件。因此，社会组织等级评估问题应当引起慈善组织的高度重视。

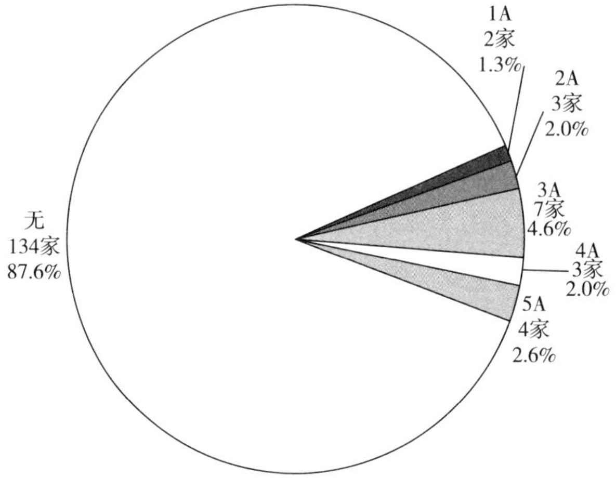

图5　广州市慈善组织评估等级情况

资料来源：广州市民政局社会组织信息平台，http：//www. gzmz. gov. cn/gzsmzj/gznpo/gznpo_ index. shtml。

四　促进广州市慈善组织健康发展的几点建议

（一）继续推动慈善会的改革创新，发挥慈善会的枢纽带动作用

在广州市大力推进创建“慈善之城”过程中，慈善会的改革不断深入，广州市慈善会、番禺区慈善会等组织近年来的创新实践在珠三角地区产生了良好的示范效应。但是，一些慈善会仍旧存在社会化程度不高、

专业人才队伍建设滞后、工作理念模式创新不够、发展动力不足等突出问题，与广州市现代慈善事业发展的要求不相适应。鉴于慈善会在广州市整个慈善组织体系中的重要地位，应以更大力度、更大决心推动慈善会的改革创新。

（二）激发基金会发展活力，发挥基金会在慈善创新中的引擎作用

基金会这一组织形式构成广州市慈善组织的主体，其数量占到慈善组织总数的43.8%，并且基金会大多由企业、个人等发起，具有更强的社会属性及灵活性，理应在慈善创新中发挥引领作用。但是，广州市基金会的独特作用和优势当前还未得到充分体现，具体表现为：基金会的资产管理水平较低，投资收益在基金会总收入中所占比例偏低；资助型基金会数量少；基金会发起的慈善项目及活动创新力不足；接受非货币捐赠实践不多；等等。国内外实践表明，激发基金会发展活力，需要加快基金会行业职业化、专业化人才培养，以人才带动基金会创新发展。因此，基金会人才培养也应成为广州公益慈善事业发展下一阶段的一项重点工作。

（三）大力宣传社会组织等级评估政策，提升慈善组织参评率

社会组织等级评估是指各级人民政府民政部门为依法实施社会组织监督管理职责，促进社会组织健康发展，依照规范的方法和程序，由评估机构根据评估标准，对社会组织进行客观、全面的评估，并作出评估等级结论。①2019年3月，广州市民政局、广州市社会组织管理局制定印发了《广州市社会组织等级评估管理办法》，鼓励符合等级评估条件的社会组织积极申请评估。鉴于社会组织评估等级在慈善组织获得公益性捐赠税前扣除等资格中的重要性，应特别加强社会组织等级评估政策的宣传力度，提高慈善组织的参评率。

① 参见《社会组织评估管理办法》，中华人民共和国民政部网站，2011年1月13日，http://www.mca.gov.cn/article/gk/fg/shzzgl/2015 07/20150715849650.shtml。

（四）调动基层政府的积极性，提升基层慈善组织数量及发展水平

截至 2019 年 12 月 31 日，在区级层面登记的社会组织数量占广州全市总数的 81.8%，但区级慈善组织的数量仅占全市总数的 30%，特别是社会服务机构类的慈善组织数量偏少。因此，为了更好地发挥政府在广州慈善事业发展中的协调、引导和支持作用，应注重调动和激发区、街镇等基层政府在促进当地慈善事业发展中的积极性，推动慈善理念全面融入基层社会治理和公共服务体系之中，促进社区慈善事业的发展，逐步形成市、区、街镇三级联动的慈善政策支持体系。

B.3
2019年度广州市慈善组织公开募捐情况分析报告

陆小慧*

摘　要： 2019年度，广州市，新增4家具有公开募捐资格的组织，总数达到14家，共发起了213项公开募捐活动，119个项目筹集到资金，占比55.9%，共筹集资金3996.8万元。募集的资金主要用于扶贫济困、教育、扶老和文化等领域，84%的资金流向扶贫济困领域。2019年度，广州市公开募捐呈现以下几个特征和趋势：拥有公开募捐资格的组织以慈善会和红十字会为主体；公募组织活跃度不高，特别是红十字会的活跃度低；公开募捐项目筹款目标完成率得到提升，但网络募捐的贡献度仍旧偏低。

关键词： 公开募捐　慈善组织　广州市

一　广州市慈善组织公开募捐基本情况

（一）广州市具有公开募捐资格的组织数量

截至2019年12月31日，广州市级和区级登记的慈善组织共有158家（含5家红十字会）。[①] 其中，具有公开募捐资格的组织有14家，占慈善组

---

* 陆小慧，广州社会组织研究院兼职研究员。

① 本书中B.2《广州市慈善组织发展状况分析报告》中广州市、区两级登记和认定的慈善组织数量为153家，采用的是广州市民政局统计口径，其统计范围不包含广州（转下页注）

织总数的8.9%。14家组织中除3家为市级登记外，其余11家均在区级登记。其中，南沙区、海珠区、越秀区、荔湾区暂无具有公开募捐资格的组织（见表1）。

表1　广州市慈善组织和具有公开募捐资格的组织数量

单位：家

地区	慈善组织数量	具有公募资格的组织数量
广州市（合计）	158	14
市　级	108	3
番禺区	26	2
黄埔区	6	1
南沙区	4	0
天河区	3	1
增城区	4	2
白云区	2	2
从化区	2	2
海珠区	1	0
花都区	1	1
荔湾区	1	0
越秀区	0	0

资料来源：慈善中国官网，http：//cishan. chinanpo. gov. cn。

截至2019年12月31日，14家已获得公开募捐资格的组织中，包含8家慈善会、5家红十字会和1家其他社会团体（见表2）。2019年度广州市新增4家具有公开募捐资格的组织，分别为广州市白云区红十字会办公室、广州市从化区红十字会办公室、广州市白云区慈善会和广州市番禺区红十字会。

（接上页注①）番禺区红十字会、广州市白云区红十字会办公室、广州市从化区红十字会办公室、广州市增城区红十字会办公室、广州市红十字会这5家红十字会，文中使用数据来源于广州市民政局社会组织信息网。本文中广州市级、区级登记的慈善组织数量为158家，采用慈善中国官网统计口径，包含广州民政局未统计的上述5家红十字会，文中公开募捐数据来源于慈善中国官网。

表2　广州市具有公开募捐资格的组织名单

序号	组织名称	成立时间
1	广州市红十字会	1981年2月9日
2	广州市增城区红十字会办公室	1986年5月8日
3	广州市慈善会	1993年7月15日
4	广州市天河区慈善会	1995年3月26日
5	广州市番禺区慈善会	2001年5月12日
6	广州市从化区红十字会办公室	2003年9月27日
7	广州市从化区慈善会	2004年11月30日
8	广州市黄埔区慈善会	2005年12月21日
9	广州市白云区慈善会	2006年11月22日
10	广州市增城区慈善会	2007年8月01日
11	广州市花都区慈善会	2008年9月27日
12	广州市乐善助学促进会	2011年3月14日
13	广州市白云区红十字会办公室	2016年8月24日
14	广州市番禺区红十字会	2016年11月4日

资料来源：慈善中国官网，http：//cishan. chinanpo. gov. cn。

（二）公开募捐项目的基本情况

1. 公开募捐项目数量①

2019年度，广州市8家慈善组织开展了公开募捐活动，开展了213项公开募捐项目。其中，广州市慈善会开展了126项，占比59.2%，是开展公开募捐项目最多的慈善组织。其次，广州市天河区慈善会开展了41项公开募捐活动，数量仅次于广州市慈善会（见表3）。但是，具有公开募捐资格的广州市红十字会、广州市增城区红十字会办公室、广州市白云区红十字会办公室、广州市番禺区红十字会、广州市从化区红十字会办公室和广州市白云区慈善会未开展任何公开募捐活动。

① 本报告所涉及的公开募捐项目包含所有募捐截止时间为2019年且在慈善中国备案的项目。

表 3　2019 年度完结的公开募捐项目数量

组织名称	公开募捐数量(项)	数量占比(%)
广州市慈善会	126	59.2
广州市天河区慈善会	41	19.2
广州市增城区慈善会	22	10.3
广州市从化区慈善会	12	5.6
广州市乐善助学促进会	4	1.9
广州市花都区慈善会	3	1.4
广州市番禺区慈善会	3	1.4
广州市黄埔区慈善会	2	0.9
合计	213	100

资料来源：慈善中国官网，http://cishan.chinanpo.gov.cn。

2. 公开募捐项目类型和惠及对象

2019 年度开展的 213 项公开募捐活动中，扶贫济困类募捐项目最多，共计 88 项，占所有公开募捐项目的 41.3%。其中，扶贫济困类募捐项目以资助困难家庭为主。其次是扶老类募捐项目，共计 47 个，占比 22.1%。教育类项目有 39 个，占比 18.3%；助残类项目占比 10.3%，共计 22 个；文化类项目占比 5.6%，共计 12 个；医疗卫生类项目有 8 个，社会组织发展类项目 7 个。此外，社区发展及就业是较为小众的募捐领域，仅分别开展了 5 项和 2 项（见图 1）。①

进一步对公开募捐项目服务的人群进行分析，在 213 个项目中，服务于儿童或青少年的募捐项目最多，共计 67 个，占比 31.5%。其次，服务于困难家庭的募捐项目 47 个，占比 22.1%；服务于长者的项目 47 个，占比 22.1%；服务于残疾人的项目有 22 个，占比 10.3%；服务于疾病患者的项目有 15 个，占比 7.0%；服务于贫困地区社群的项目有 8 个，占比 3.8%；服务于某类特殊群体（如外来务工人员、戒毒者、环卫工、乡村教师、社工等）的项目有 6 个，占比 2.8%；服务于妇女的项目有 6 个，占比 2.8%。

① 部分公开募捐项目针对多个领域和人群展开募捐，因此针对各领域或各类人群开展的公开募捐项目数量之和大于 213 项。

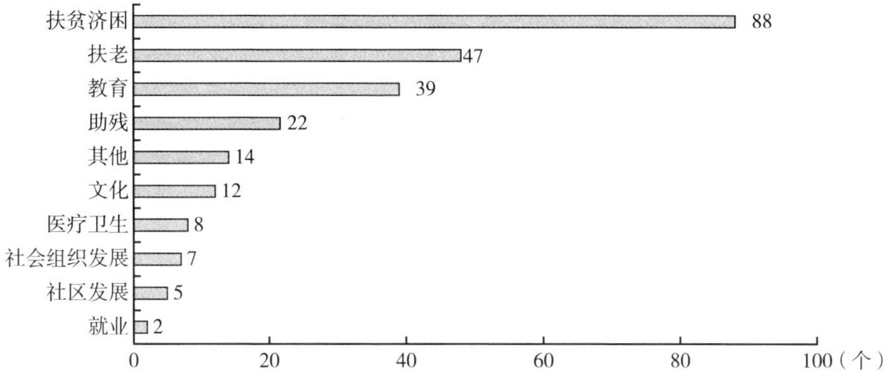

图1　在各类领域开展的公开募捐项目数量

资料来源：慈善中国官网，http：//cishan. chinanpo. gov. cn。

3. 公开募捐方式

开展公开募捐的方式主要包括线上募捐和线下募捐两种方式，具体又可以划分为：①在公共场所设置募捐箱；②举办面向社会公众的义演、义赛、义卖、义展、义拍、慈善晚会等；③通过广播、电视、报刊等媒体发布募捐信息；④通过互联网发布募捐信息；⑤其他公开募捐方式。广州市公开募捐项目中，仅采用一种方式的募捐项目有 6 个，占 2. 8%；采用两种方式组合募捐的项目为 6 个，占 2. 8%；采用三种方式组合募捐的项目有 15 个，占 7. 0%；绝大部分的募捐项目采取了四种及以上的方式开展公开募捐，共占比 87. 4%。可以看出，大部分募捐项目采取了多样化的募捐方式。

从具体募捐方式来看，广州市 2019 年度截止的 213 个公开募捐项目中，有 202 个项目通过广播、电视、报刊等传统媒体发布募捐信息，占全部募捐项目的 94. 8%。有 198 个项目通过举办面向社会公众的义演、义赛、义卖、义展、义拍、慈善晚会的形式募款。通过互联网发布募捐信息和在公开场所设置募捐箱进行线下募捐的项目分别有 197 个和 191 个。可见，即使在互联网时代，线下募捐方式依旧受到慈善组织的青睐（见图 2）。

4. 互联网募捐平台分析

据统计，开展互联网募捐的项目中，209 个项目均有在广益联募平台上

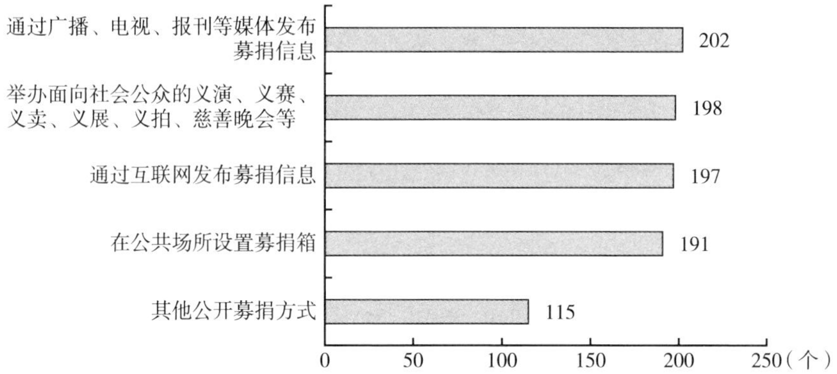

图 2　公开募捐采取的方式

资料来源：慈善中国官网，http：//cishan. chinanpo. gov. cn。

进行公开募捐，比例高达 98.1%，是广州市公开募捐项目使用最多的互联网公益平台。[①] 其次，在“以慈善组织自身名义开通的门户网站、官方微博以及官方微信、移动客户端等网络平台”发布募捐信息的项目有 176 个。另外，有 31 个项目在腾讯公益平台上发布募捐信息。当前广州市慈善组织开展互联网公开募捐以本土募捐平台为主，采用全国性的公开募捐平台的项目较少。

（三）公开募捐成效分析

1. 公开募捐获得的款项及网络募捐所占比重

2019 年度，广州市具有公募资格的慈善组织发起的公募项目共筹集 3996.8 万元（见表 4）。44.1% 的项目未筹集到款项，共计 94 项。广州市黄埔区慈善会开展的“2019 广东扶贫济困日活动暨‘羊城慈善为民’系列公益活动”募捐到 2718.3 万元，占全市全年公开募捐款项的 68.0%，是 2019 年度广

① 原则上，通过互联网发布募捐信息的项目数量要多于在广益联募平台上发布募捐信息的数量，但慈善中国官网存在诸多在广益联募发布募捐信息却未在公开募捐方式中显示通过互联网发布募捐信息的项目。究其原因，应该是各个项目发起方登记备案表不准确，本文的数据分析只能依此数据进行分析。

州市募捐金额最大的公开募捐项目。分析发现，该项目主要通过线下举办面向社会公众的义演、义赛、义卖、义展、义拍、慈善晚会的形式募捐款项。

表4　公开募捐项目募集资金情况

单位：万元

类型	总额	平均值	中位值	最小值	最大值
公开募捐总额	3996.8	18.8	0.1	0.0	2718.3
其中:互联网募捐总额	725.7	3.4	0.0	0.0	80.8

资料来源：慈善中国官网，http://cishan.chinanpo.gov.cn。

2019年度，广州市具有公募资格的慈善组织通过互联网募捐725.7万元，占公开募捐总额的18.2%。其中，广州市慈善会开展的“羊城慈善为民”募捐活动获得的互联网募捐金额最多，共募集到80.8万元。由此可见，广州市慈善组织公开募捐款项主要来源于线下。

具体来看，119个募集到资金的项目中，18个项目只通过线下方式募集到款项，互联网募捐贡献度为0；有90个项目只通过互联网方式募集到款项，互联网募捐贡献度为100，项目数量占比75.6%（见图3）。可见，互联网募捐已成为最主要的募捐渠道。但从募捐的款项来看，18个线下募捐项目共募集到3132.9万元，平均每个项目募捐到174.1万元；而90个互联网募捐项目共募集到674.6万元，平均每个项目募集到7.5万元。互联网已经成为大部分募捐项目的资金筹集渠道，但互联网募捐主要以小额募捐为主，大额募捐则主要来源于线下渠道。

2. 公开募捐完成率分析

213个公开募捐活动中，有119个募集到款项，占比55.9%，其余94个募捐活动均未筹集到款项，占比44.1%。在213个公开募捐项目中，187个设定了筹款目标。其中，有20个项目完成了预设的筹款目标（见表5），占比10.7%。广州市慈善会开展的“红种子的传承”计划募捐项目的目标完成率最高，达226.3%，共筹集到45.3万元。其余167个项目未实现预设的筹款目标，其中，79个项目募集款项为0，74个项

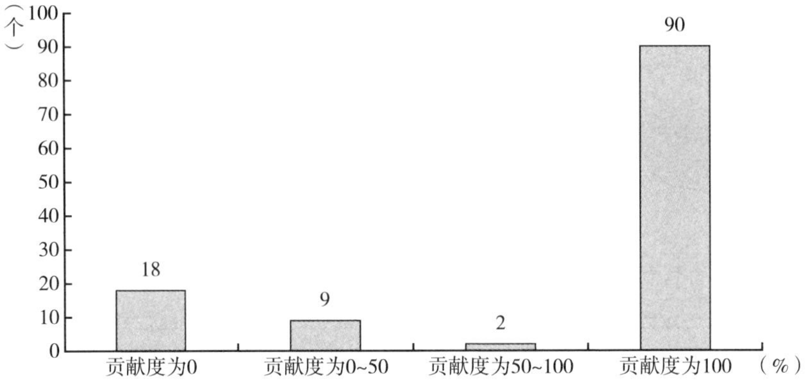

图3　互联网募捐贡献度数量分布

资料来源：慈善中国官网，http：//cishan. chinanpo. gov. cn。

目募集款项完成率在50%以下。总体而言，公募项目筹款目标完成率仍旧偏低。

表5　广州市公开募捐项目完成筹款目标情况

序号	募捐项目名称	发起组织	筹款目标（万元）	募集金额（万元）	筹款目标完成率（%）
1	“红种子的传承”计划	广州市慈善会	20. 0	45. 3	226. 5
2	2019 爱莎公益基金	广州市慈善会	20. 0	39. 3	196. 5
3	2019 仙村镇困难群众救助	广州市增城区慈善会	10. 0	18. 7	187. 0
4	星星赋能	广州市慈善会	1. 2	2. 2	183. 3
5	快乐公益，大爱救心	广州市慈善会	10. 0	16. 9	169. 0
6	和生命一起努力	广州市慈善会	32. 6	52. 9	162. 3
7	困境长者居家安全微改造	广州市慈善会	3. 0	4. 3	143. 3
8	助力乡村振兴　结对帮扶贵州省毕节市项目	广州市增城区慈善会	100. 0	135. 0	135. 0
9	2019 百里杜鹃管理区对口扶贫	广州市增城区慈善会	30. 0	34. 2	114. 0
10	益童健康，我来买单	广州市慈善会	1. 2	1. 3	108. 3
11	2019 派潭镇困难群众应急救助	广州市增城区慈善会	40. 0	41. 7	104. 3
12	“适居耆乐”居家安全改造	广州市慈善会	10. 0	10. 3	103. 0

续表

序号	募捐项目名称	发起组织	筹款目标（万元）	募集金额（万元）	筹款目标完成率（%）
13	2019 慈阳会光明行	广州市慈善会	10.0	10.2	102.0
14	广州外来工家庭共建	广州市慈善会	43.4	44.3	102.1
15	伴读大使特殊儿童教育计划	广州市慈善会	6.7	6.8	101.5
16	2018 学年农村事实孤儿助学	广州市慈善会	20.0	20.0	100.0
17	“守护星星”特殊儿童项目	广州市慈善会	1.2	1.2	100.0
18	大山的孩子会写诗	广州市慈善会	5.0	5.0	100.0
19	连山壮族瑶族自治县民族幼儿园环境改造和设备设施添置项目	广州市天河区慈善会	20.0	20.0	100.0
20	“守护幸福　点亮心愿”天河南街困境群体微心愿项目	广州市天河区慈善会	2.0	2.0	100.0

资料来源：慈善中国官网，http：//cishan. chinanpo. gov. cn。

进一步分析不同慈善组织发起的公募项目募捐完成率①，结果显示，2019 年度广州市慈善会 117 项公开募捐项目设定了筹款目标，其中完成率在 50% 以上的项目共有 24 项，占比 20. 5%。广州市天河区慈善会 39 个项目设定了筹款目标，其中完成率在 50% 以上的项目仅有 2 项，占比 5. 1%。广州市增城区慈善会 21 项募捐项目设定了筹款目标，其中完成率在 50% 以上的项目共有 7 项，占比 33. 3%。广州市从化区慈善会 10 项公开募捐项目设定了筹款目标，完成率在 50% 以上的项目仅有 1 项，占比 10%。

此外，从各领域公开募捐项目的完成率来看，文化类和社区发展类募捐活动的平均完成率较高，其次是扶贫济困类、教育类、医疗卫生类以及扶老类的公开募捐项目。可见，公众对于更加贴近自身生活的传统慈善领域的关注高于就业和社会组织发展等新兴领域（见图 4）。

① 由于广州市乐善助学促进会、广州市番禺区慈善会、广州市花都区慈善会、广州市黄埔区慈善会开展的公开募捐活动未设定筹款目标，因此本部分分析未涉及上述组织的募捐完成率。

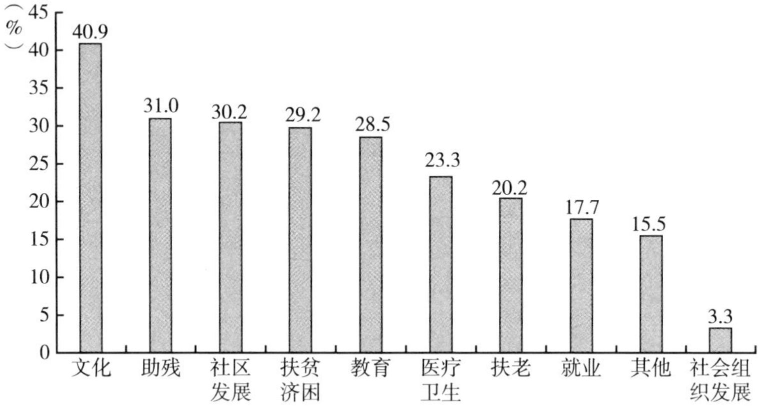

图 4　各领域公开募捐完成率情况

资料来源：慈善中国官网，http：//cishan. chinanpo. gov. cn。

3. 公开募捐款项流向领域分析

2019 年度广州市公开募捐活动共募捐到 3996. 8 万元，其中 3358. 8 万元流向扶贫济困领域，募集到的资金最多，占比 84%；流向教育领域的款项达 251. 5 万元，占比 6. 3%；流向扶老领域的款项达 238. 6 万元，占比 6. 0%；流向文化领域的款项达 89. 8 万元，占比 2. 2%；流向助残和就业领域的募集资金相对较少（见图 5）。

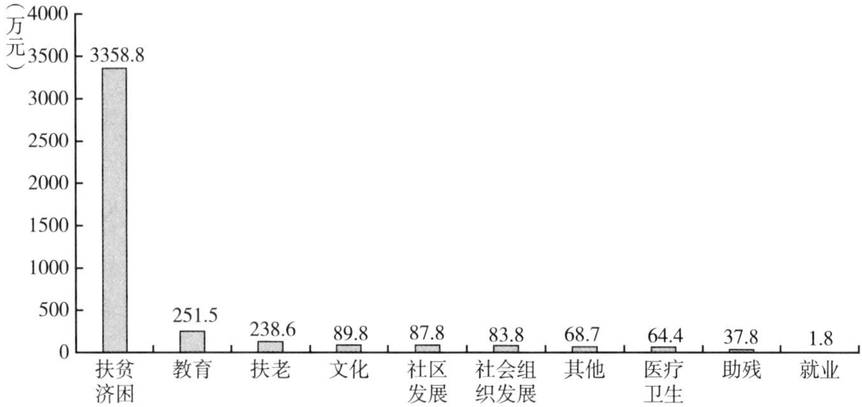

图 5　各领域募捐款项

资料来源：慈善中国官网，http：//cishan. chinanpo. gov. cn。

二　广州市公开募捐发展新动态

（一）2018度广州公开募捐情况简要回顾

2018 年度，广州市拥有公开募捐资格的组织共计 10 家，其中 8 家慈善组织开展了公开募捐项目，开展的公开募捐项目数量达 215 项。公开募捐项目主要集中在扶老、扶贫济困、教育领域。具体来看，24.2% 的项目为扶老类募捐项目；21.4% 的项目为扶贫济困类；19.1% 的项目为教育类；11.6% 的项目为助残类；7% 的项目为医疗卫生类；5.1% 的项目为社区发展类；1.9% 的项目为文化类。募捐项目服务的人群主要集中在长者、儿童与青少年、残疾人、困难家庭或个体，项目数量占比为 24.2%、23.3%、11.2% 和 11.2%。

2018 年度公开募捐共筹集到 8511.7 万元，主要流向扶贫济困、扶老、教育领域。具体来看，89% 的资金流向扶贫济困领域；4.9% 的资金流向扶老领域；1.6% 的资金流向教育领域；1.4% 的资金流向医疗卫生领域；1.1% 的资金流向社区发展领域；0.3% 的资金流向文化领域；0.1% 的资金流向助残领域。

2018 年度开展的 215 个公开募捐活动中，仅 37.2% 的项目募集到款项，其余 62.8% 的项目未筹集到款项。另外，215 个公开募捐项目中，188 个设定了筹款目标，仅 19 个项目完成了预设的筹款目标，占比 10.1%。总体而言，2018 年度广州市慈善组织公开募捐项目筹款目标完成率较低。此外，2018 年度，互联网公开募捐金额为 223.9 万元，仅占全部公开募捐金额的 2.6%，其余 8287.8 万元均通过线下募捐方式获得，占比为 97.4%。互联网募捐项目数量多，但募捐效果不及线下募捐方式。

（二）2019年度广州公开募捐特征与趋势

1. 拥有公开募捐资格的组织以慈善会和红十字会为主体

截至 2019 年 12 月 31 日，14 家具有公开募捐资格的组织中仅有 1 家为民间性质的慈善组织，其余均为慈善会和红十字会。2019 年度新增 4 家具有公开募捐资格的组织，均为慈善会或红十字会。这些组织在《中华人民共和国慈善法》实施前本身就可以开展公募，因此，公募组织的整体结构并未发生太大变化。

2. 拥有公开募捐资格的组织活跃度略显不足，公开募捐活动以扶贫济困、扶老、教育等传统慈善领域为主

纵观近两年慈善组织开展的公开募捐活动，除了广州市慈善会、广州市天河区慈善会、广州市增城区慈善会、广州市从化区慈善会开展了较多的公开募捐活动外，其他拥有公开募捐资格的组织发起的公开募捐活动较少。红十字会的活跃度最低，从上一年度和本年度募捐发起主体来看，均无一家红十字会。2019 年度，虽然新增了 4 家具有公开募捐资格的组织，但开展公开募活动的组织数量并无太大变化，基本与上年度持平。2018 年度，扶贫济困、扶老、教育这三类领域的公开募捐项目占比 64.7%，2019 年度占比 78.9%。

3. 公开募捐项目筹款目标完成率得到提升，网络募捐对广州市公开募捐的贡献度仍旧偏低

2019 年度，公募项目筹款目标完成率由上年度的 10.1% 上升至本年度的 10.7%，筹集金额为 0 的项目数量比例由上年度的 67.0% 下降至本年度的 42.2%。这一数据说明，2019 年度，广州市慈善组织开展的公开募捐活动募款效果正在逐步改善。此外，2018 年度，互联网募捐金额仅占全部公开募捐金额的 2.6%，2019 年度占比为 18.2%，较上一年度有较大提升，但仍处于低位。

4. 广益联募平台对广州市公开募捐活动的开展起到重要支撑作用

上年度，88.8% 的公开募捐项目在广益联募平台上发布募捐信息，本年度该比例提高至 98.1%，且互联网募捐金额也主要来源于该平台。广益联募平台对于广州市本地慈善组织发起的公开募捐活动提供了重要支持。

三　总结和思考

《中华人民共和国慈善法》实施后，公募资格主体范围得以扩大，但广

州市具有公开募捐资格的组织仍以红十字会和市、区两级慈善会为主，仅有一家民间性质的慈善组织。2019 年度新增的具有公开募捐资格的组织均为红十字会和慈善会。公开募捐制度实施后，广州市慈善组织申请并获得公开募捐资格的比例相对较低。因此，如何更加有效地推动公开募捐制度的落地，发挥公募组织的作用仍值得探讨。

虽然广州市公开募捐项目的筹款目标完成率由上年度的 10.1% 上升至本年度的 10.7%，筹集金额为 0 的项目数量比例由上年度的 67.0% 下降至本年度的 42.2%，募捐成效总体向上，但也反映出大部分募捐项目效果不理想的问题。因此，使募捐信息触达更多民众，提高公众捐赠和慈善参与水平，提升公开募捐效果，依然是慈善组织未来需要继续努力的方向。

互联网时代的到来，对公益慈善领域产生变革性的影响。然而，分析上年度和本年度互联网募捐对广州市公开募捐的贡献度情况，发现互联网募捐对公开募捐的作用不及预期。2018 年度及 2019 年度互联网募捐金额占全部募捐金额的比例均不足 20%。此外，当前网络募捐发布平台主要为广益联募，而在腾讯公益、阿里巴巴公益等其他全国性的互联网募捐平台发布募捐信息的项目较少。因此，如何主动适应网络募捐发展的特点和趋势，提高网络募捐成效需要慈善组织和网络募捐平台共同推进。

B.4 微公益时代个体网络捐赠的特点及对募捐平台的启示*

杨永娇**

摘　要： 基于中国家庭追踪调查（CFPS）2018 年的数据，本文发现“指尖公益”已经成为公众进行公益捐赠的主要选择，全民公益态势正在形成，网络募捐第三方平台的重要性不言而喻。通过分析以广益联募为例的网络募捐第三方平台，本文梳理了我国互联网公开募捐信息平台的现状和主要问题，并结合我国个体网络捐赠行为的特征，为更好地促进网络募捐平台发展、鼓励网络慈善捐赠提供了对策建议。

关键词： 慈善捐赠　网络捐赠　广益联募

一　研究背景

互联网时代的到来深刻地影响了人们的生活方式。《第 44 次中国互联网络发展状况统计报告》显示，截至 2019 年 6 月，我国网民规模达 8.54 亿，较 2018 年底增长 2598 万，互联网普及率达 61.2%，较 2018 年底提升 1.6 个百分点；我国手机网民规模达 8.47 亿，较 2018 年底增长 2984 万，网民使用手机上网的比例达 99.1%，较 2018 年底提升 0.5 个百分点；我国网络支付用户规模达 6.33 亿，较 2018 年底增长 3265 万，占网民整体的

* 感谢黄奕彰同学对本文所涉及的相关文献的梳理。

** 杨永娇，重庆大学公共管理学院副教授，广州社会组织研究院特约研究员。

74.1%；手机网络支付用户规模达6.21亿，较2018年底增长3788万，占手机网民的73.4%。[①]

互联网的迅速普及为慈善事业带来了新的变革发展契机和空间。互联网对于公益慈善最大的贡献在于推动慈善事业朝着多元化、开放化、透明化、全民化和常态化的方向发展。多元化体现在网络慈善的参与主体、动员主体、传播方式和传播内容丰富性上；开放化体现在慈善活动不再是仅由慈善组织自上而下地发起，任何团体和个人都能通过依法注册的慈善组织和平台在互联网开展慈善活动；透明化体现在信息可以在互联网平台中共享、展现和追踪；全民化和常态化体现在参与慈善活动的低门槛、高便捷性、强互动性。互联网公益或网络慈善这一现象随着互联网技术与慈善事业的深入结合而开始得到学界关注。[②] 张晓光、张强提出"自发型网络慈善"一词，用来解释个人在互联网上发布求助信息并得到响应的行为。[③] 汪丹进一步将概念系统化，她认为互联网慈善是以网络为载体，依靠互联网移动支付而实现的包括筹集资金、公布信息、宣传在内的慈善活动。[④]

网络慈善开启了慈善参与方式的根本性革命。网络慈善使得信息传播迅速、覆盖面广、资金筹集便捷、捐赠者广泛，慈善参与不局限于向受助者不求回报直接捐助财物，以物换物、捐赠者购买受助者的作品等新的慈善参与方式不断涌现。[⑤] 电子支付不仅丰富了捐款渠道，还使得账目的公开保持真

① 《第44次中国互联网络发展状况统计报告》，中国网信网，2019年8月30日，http：//www.cac.gov.cn/2019-08/30/c_1124938750.htm。

② 曹守婷：《微公益时代：公益与网络的联姻》，福建师范大学硕士学位论文，2012，第7页。

③ 张晓光、张强：《"自发型网络慈善"的运行机制分析》，《呼伦贝尔学院学报》2013年第3期，第33～36页。

④ 汪丹：《我国网络慈善事业的可持续发展研究》，《社会工作》2014年第6期，第91～98页。

⑤ 王颖：《试析网络公益传播的类型与特点》，《中国传媒科技》2012年第2期，第13～14页；汪丹、于立平：《网络募捐：时尚背后的困境——以宁波市为例》，《宁波大学学报》（人文科学版）2014年第4期，第122～126页；曲丽涛：《当代中国网络公益的发展与规范研究》，《求实》2016年第1期，第53～60页；田振华：《网络社会下公益慈善组织资源动员策略探析》，《学会》2016年第1期，第5～10页；高晶怡：《网络公益与传统公益的区别及发展趋向》，《新闻世界》2012年第9期，第120～121页；宋道雷、郝宇青：《从传统公益研究到网络公益研究的变迁——中国公益研究状况述评》，《社会科学》2014年第2期，第28～38页。

实公正，可以说网络技术的发展成为重塑慈善事业公众信任的基础。[①] 同时，互联网为草根慈善组织提供了动员群众、获得小额捐款、宣传自身优势的有利工具。[②] 慈善组织在互联网上采用多样、新颖的方式向社会大众传播慈善文化和理念，能够促进社会大众慈善活动参与率和慈善意识的提升，也能够增强社会大众对慈善事业的认同感。[③] 对于求助者而言，互联网使得他们便捷、迅速地表达自己的需求；对于捐助者而言，通过电子支付平台进行慈善捐助使得参与慈善活动的途径更为便捷，通过网络社交活动以及相比于线下慈善活动更多的议事权和决定权，可以获得精神层面的愉悦。[④]

在互联网的推动下，公益活动由“大公益”进入“微公益”时代。在微公益时代，即全民公益时代，人人都可以是公益主体，在互联网上发起公益救援变得越来越容易、普遍。这种公益方式强调参与的平民性和简单性。然而，互联网的发展也为慈善事业带来了挑战，例如网络募捐的不规范、个人求助的灰色地带和公众理性的捐赠意识缺乏等，削弱了慈善组织和慈善事业的社会影响力和号召力。研究显示，在实际运行过程中，部分网络众筹平台未能主动、及时地公开资金的使用情况和项目进展，甚至存在违规管理资金的现象。[⑤] 久而久之，大众参与网络慈善活动的热情难免会消退，网络慈善活动的效果被削弱。在这个背景下，探讨如何更好地推动网络慈善捐赠、

---

① 王少辉、高业庭、余凯：《基于移动互联网的慈善捐赠运行机制研究——以湖北省“拯救一斤半早产儿”慈善募捐活动为例》，《电子政务》2015 年第 3 期，第 26 ~ 32 页；钟瑛、李苏：《公益组织基于网络传播的信任建构框架研究》，《西南民族大学学报》（人文社科版）2017 年第 11 期，第 141 ~ 146 页。

② 刘秀秀：《动员与参与：网络慈善的捐赠机制研究》，《福建论坛·人文社会科学版》2014 年第 1 期，第 187 ~ 192 页。

③ 乔占军：《慈善组织公信力重塑进程中网络公益传播策略体系研究》，《新闻界》2013 年第 11 期，第 55 ~ 57 页。

④ 钟智锦：《公益行为中的动机与媒体效应研究》，《学术研究》2015 年第 12 期，第 56 ~ 62 页；倪芳：《都市白领青年的公益责任认同研究——上海市 B 俱乐部的社会学考察》，《中国青年研究》2009 年第 9 期，第 69 ~ 72 页。

⑤ 徐顽强、王守文：《基于价值认同视角下的网络公益失范研究》，《内蒙古大学学报》（哲学社会科学版）2012 年第 5 期，第 54 ~ 58 页；杨睿宇、马箫：《网络公益众筹的现状及风险防范研究》，《学习与实践》2017 年第 2 期，第 81 ~ 88 页。

规范网络募捐平台、发掘更多慈善资源，具有重大现实意义。

本文将对我国微公益时代的个体网络慈善捐赠行为进行分析，并反思我国网络募捐平台的现状和问题，基于此提出规范网络募捐平台发展、促进个体网络慈善捐赠行为的建议。本文将基于中国家庭追踪调查（China Family Panel Studies，CFPS）2018 年的数据，对我国个体慈善捐赠渠道进行分析。CFPS 首次针对个体慈善捐赠渠道（包括网络捐赠渠道）提供了全国性调查数据。本文通过分析个体对捐赠渠道的偏好来揭示网络捐赠在公益慈善事业发展中的地位，并明确网络捐赠现象的人口学差异和地域差异，更精准地制定推动个体网络慈善行为的策略。其次，本文还将以广益联募为例，分析我国第三方互联网公开募捐信息平台的现状和问题，为更好地促进网络募捐平台发展、为网络慈善捐赠保驾护航提供对策建议。

二　个体网络慈善捐赠现状：基于 CFPS 的分析

2018 年 CFPS 对我国个体慈善捐赠渠道展开了调查。调查中所涉及的捐赠渠道包括网络捐赠第三方平台（如腾讯公益、轻松筹等，不包括慈善组织或政府的官方网站）、慈善组织、民政部门等政府部门、所在单位、直接捐给受助者、其他渠道。CFPS 是一项全国性、综合性的社会追踪调查项目，旨在通过追踪收集个体、家庭、社区三个层面的数据，反映中国社会、经济、人口、教育和健康的变迁，为学术和政策研究提供数据基础。该调查在 2018 年获取了 32669 个有效的个体样本。

（一）捐赠渠道

如表 1 所示，在 CFPS 中，最受访谈对象欢迎的捐赠渠道是网络捐赠第三方平台。有 10.48% 的受访者在过去 12 个月最通常通过这个渠道参与慈善捐赠，选择该渠道进行捐赠的受访者占捐赠者总数的 50.49%。我国目前有 20 家经民政部指定的互联网公开募捐信息平台，包括腾讯公益、淘宝公益、蚂蚁金服公益、广益联募等。可见，互联网技术确实为公众参与慈善捐赠提供了极大便利，得到大多数捐赠者的青睐。表2显示，通过网络捐赠第三方平台的捐赠比其他渠道的捐赠额度更小，体现了网络平台在微公益时代汇聚小流成江海的优势。“指尖公益”已经成为公众进行公益捐赠的主要选择，全民公益态势正在形成。

表1 受访者对捐赠渠道的偏好

捐款途径	频数	占总样本百分比(%)	占捐赠者百分比(%)
网络捐赠第三方平台	3422	10.48	50.49
慈善组织	324	0.99	4.78
民政部门等政府部门	373	1.14	5.50
所在单位	1037	3.18	15.30
直接捐给受助者	1245	3.81	18.37
其他渠道	377	1.15	5.56
不适用(没参与捐赠)	25883	79.25	
总计	32661	100	

资料来源：中国家庭追踪调查（China Family Panel Studies，CFPS）2018年数据。

表2 不同捐赠渠道的捐赠额度

捐款途径	捐赠额度均值(元)
网络捐赠第三方平台	297.23
慈善组织	491.49
民政部门等政府部门	433.33
所在单位	320.39
直接捐给受助者	982.98
其他渠道	386.11

资料来源：中国家庭追踪调查（China Family Panel Studies，CFPS）2018年数据。

（二）地域差异

依据全国人大六届四次会议通过的“七五”计划中的划分标准，本文将全国划分为东中西三大经济带。东部包括北京、天津、河北、辽宁、上海、江苏、浙江、福建、山东、广东和海南；中部包括山西、安徽、江西、河南、湖北、湖南、吉林和黑龙江；西部包括内蒙古、广西、重庆、四川、贵州、云南、西藏、陕西、甘肃、青海、宁夏和新疆。调查中不含港澳台地区。

如表3所示，总体而言，我国东部地区有更多受访者参与过慈善捐赠，其次是西部，再次是中部。在受访者最青睐的捐赠途径中，三个地区比例最高的均是网络捐赠第三方平台。在所有捐赠渠道中，中部地区的捐赠者更加依赖网络捐赠第三方平台。相比而言，东部地区的捐赠者比其他地区有明显更高的比例通过慈善组织进行捐赠。这一定程度上反映了慈善组织在我国东部地区相对较高的发展水平。此外，西部地区的捐赠者比其他地区有明显更高的比例直接捐赠给受助者。

表3　捐赠渠道偏好的地域差异

捐款途径	指标	东部	中部	西部	总计
网络捐赠第三方平台	频数	1407	986	1020	3413
	占比(%)	48.12	52.95	51.59	50.47
慈善组织	频数	187	73	64	324
	占比(%)	6.40	3.92	3.24	4.79
民政部门等政府部门	频数	192	70	111	373
	占比(%)	6.57	3.76	5.61	5.52
所在单位	频数	506	300	228	1034
	占比(%)	17.31	16.11	11.53	15.29
直接捐给受助者	频数	434	353	455	1242
	占比(%)	14.84	18.96	23.01	18.36
其他渠道	频数	198	80	99	377
	占比(%)	6.77	4.30	5.01	5.57
总计	频数	2924	1862	1977	6763
	占比(%)	100	100	100	100

注：表中“占比”是指占捐赠渠道的比例。地域变量有缺失值。

资料来源：中国家庭追踪调查（China Family Panel Studies，CFPS）2018年数据。

图1显示，在CFPS 2018年的调查中，广东省参与过慈善捐赠的受访者最多，其中通过网络捐赠第三方平台进行捐赠的受访者占51.65%。

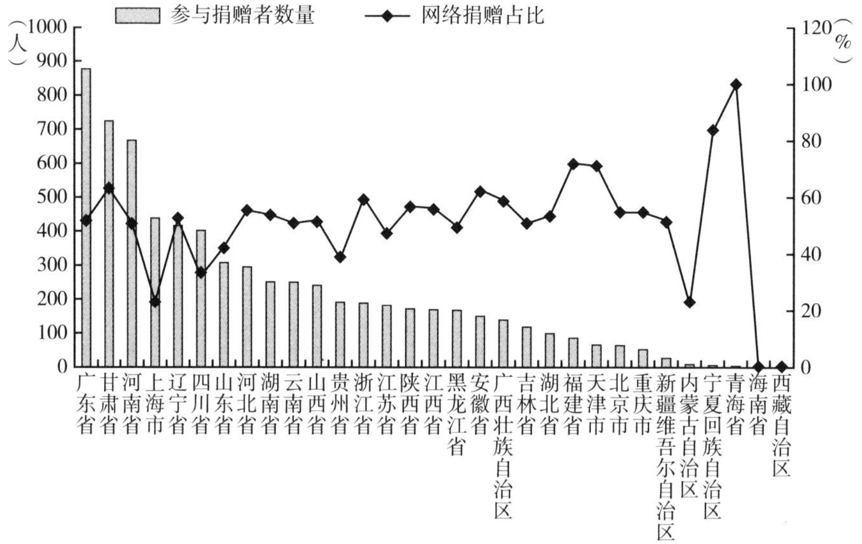

图 1　捐赠者数量及网络捐赠渠道偏好的省际差异

资料来源：中国家庭追踪调查（China Family Panel Studies，CFPS）2018 年数据。

（三）城乡差异

如表 4 所示，总体而言，受访者中有 2579 位乡村居民参与慈善捐赠，明显少于城镇居民（4055 位）。从城乡居民对捐赠途径的偏好来看，网络捐赠第三方平台是城乡居民首选的捐赠途径，乡村居民对网络捐赠第三方平台的偏好略高于城镇居民。这也一定程度上反映出网络在我国城乡的普及，但由于其他捐赠渠道在乡村不如城镇多样化，农村居民更加依赖网络捐赠平台。

表 4　捐赠渠道偏好的城乡差异

捐款途径	乡村		城镇	
	频数	占比(%)	频数	占比(%)
网络捐赠第三方平台	1320	51.18	2014	49.67
慈善组织	116	4.50	206	5.08
民政部门等政府部门	173	6.71	199	4.91

续表

捐款途径	乡村		城镇	
	频数	占比(%)	频数	占比(%)
所在单位	237	9.19	773	19.06
直接捐给受助者	584	22.64	638	15.73
其他渠道	149	5.78	225	5.55
总计	2579	100	4055	100

注：表中“占比”是指占捐赠渠道的比例。城乡变量有缺失值。
资料来源：中国家庭追踪调查（China Family Panel Studies，CFPS）2018 年数据。

（四）年龄差异

如表 5 所示，调查中参与过慈善捐赠的受访者集中在 18～59 岁。其中，31～44 岁的受访者参与捐赠最为积极。网络捐赠第三方平台最受 18～44 岁群体的欢迎。在 18～30 岁的捐赠者中，有近 70% 偏好网络捐赠第三方平台；在 31～44 岁的捐赠者中，有近 63% 的人表示网络捐赠第三方平台是最常用的捐赠渠道。对于 18 岁以下的群体而言，通过学校参与捐赠是最常用的渠道。对于 60 岁及以上的群体而言，直接捐赠给受助者是最常用的渠道。

表 5　捐赠渠道偏好的年龄段差异

捐款途径	指标	18 岁以下	18～30 岁	31～44 岁	45～59 岁	60～74 岁	74 岁以上	总计
网络捐赠第三方平台	频数	39	1345	1410	580	46	2	3422
	占比(%)	25.66	69.98	62.95	33.24	7.24	2.38	50.49
慈善组织	频数	6	48	95	103	61	11	324
	占比(%)	3.95	2.50	4.24	5.90	9.61	13.10	4.78
民政部门等政府部门	频数	1	21	56	149	126	20	373
	占比(%)	0.66	1.09	2.50	8.54	19.84	23.81	5.50

续表

捐款途径	指标	18岁以下	18~30岁	31~44岁	45~59岁	60~74岁	74岁以上	总计
所在单位	频数	46	268	342	328	46	7	1037
	占比(%)	30.26	13.94	15.27	18.80	7.24	8.33	15.30
直接捐给受助者	频数	23	182	280	497	234	29	1245
	占比(%)	15.13	9.47	12.50	28.48	36.85	34.52	18.37
其他渠道	频数	37	58	57	88	122	15	377
	占比(%)	24.34	3.02	2.54	5.04	19.21	17.86	5.56
总计	频数	152	1922	2240	1745	635	84	6778
	占比(%)	100	100	100	100	100	100	100

注：表中“占比”是指占捐赠渠道的比例。表中有一些样本年龄在18岁以下，是在校学生，其“所在单位”即其所在的学校。

资料来源：中国家庭追踪调查（China Family Panel Studies，CFPS）2018年数据。

（五）性别差异

如表6所示，受访者中无论是女性还是男性都更倾向于选择网络捐赠第三方平台进行捐赠。就性别而言，选择网络捐赠第三方平台的女性占比明显高于男性占比，但选择通过所在单位捐赠的男性占比明显高于女性占比。《第44次中国互联网络发展状况统计报告》显示，截至2019年6月，我国网民男女比例为52.4∶47.6。然而，由于女性网络购物的概率更高，通过网络平台参与捐赠的概率也高于男性。

表6 捐赠渠道偏好的性别差异

捐款途径	指标	男性	女性	总计
网络捐赠第三方平台	频数	1712	1710	3422
	占比(%)	48.33	52.84	50.49
慈善组织	频数	176	148	324
	占比(%)	4.97	4.57	4.78

续表

捐款途径	指标	男性	女性	总计
民政部门等政府部门	频数	206	167	373
	占比(%)	5.82	5.16	5.50
所在单位	频数	607	430	1037
	占比(%)	17.14	13.29	15.30
直接捐给受助者	频数	642	603	1245
	占比(%)	18.13	18.63	18.37
其他渠道	频数	199	178	377
	占比(%)	5.62	5.50	5.56
总计	频数	3542	3236	6778
	占比(%)	100	100	100

注：表中“占比”是指占捐赠渠道的比例。
资料来源：中国家庭追踪调查（China Family Panel Studies，CFPS）2018 年数据。

（六）收入水平差异

李春玲将收入中位数的 50% 到 200% 划分为中产阶级。[①] 基于 CFPS 调查结果，2017 年受访者的每月税后收入中位数为 1800 元，因而月税后收入在 900 元到 3600 元的个体划分为中等收入，其上和其下的个体分别划分为高收入和低收入。如表 7 所示，总体而言，网络捐赠第三方平台是最受各收入群体欢迎的捐赠渠道。中等收入群体参与慈善捐赠最为积极，也比其他收入群体更加依赖网络捐赠第三方平台。另外，低收入群体更倾向于直接捐给受助者或通过民政部门等政府部门捐赠，而高收入群体更倾向于通过所在单位捐赠。

① 李春玲：《如何定义中国中产阶级：划分中国中产阶级的三个标准》，《学海》2013 年第 3 期，第 62～71 页。

表 7　捐赠渠道偏好的收入水平差异

捐款途径	指标	低收入	中等收入	高收入	总计
网络捐赠第三方平台	频数	496	921	764	2181
	占比(%)	40.39	55.48	54.11	50.72
慈善组织	频数	56	85	56	197
	占比(%)	4.56	5.12	3.97	4.58
民政部门等政府部门	频数	132	69	47	248
	占比(%)	10.75	4.16	3.33	5.77
所在单位	频数	76	280	351	707
	占比(%)	6.19	16.87	24.86	16.44
直接捐给受助者	频数	379	250	172	801
	占比(%)	30.86	15.06	12.18	18.63
其他渠道	频数	89	55	22	166
	占比(%)	7.25	3.31	1.56	3.86
总计	频数	1228	1660	1412	4300
	占比(%)	100	100	100	100

注：表中“占比”是指占捐赠渠道的比例。收入变量有缺失值。
资料来源：中国家庭追踪调查（China Family Panel Studies，CFPS）2018 年数据。

三　互联网公开募捐信息平台分析——以广益联募为例

（一）我国网络募捐平台及广益联募概况

2018 年 CFPS 结果显示，在微公益时代，人们在慈善捐赠中对网络捐赠第三方平台的偏好使得网络募捐平台的重要性不言而喻。《2018 年度中国慈善捐助报告》指出，2018 年，中国内地的个人捐赠共 360.47 亿元[①]，同比增长 3.24%，仅次于 2008 年汶川地震的捐赠金额，个人捐赠占总量比重也处于近年最高水平，保持稳步增长的态势。同时，以个人捐赠为主的网络募

① 参见中国慈善联合会，http：//www.charityalliance.org.cn/u/cms/www/201909/23083734i5wb.pdf。

捐总量在2018年继续攀升，民政部指定的20家互联网募捐信息平台共为1400余家公募慈善组织发布募捐信息2.1万条，网民点击、关注和参与超过84.6亿人次，募集善款总额超过31.7亿元，同比增长26.8%。腾讯公益、蚂蚁金服公益、阿里巴巴公益成为慈善组织筹款最多的三个平台，分别募款17.25亿元、6.7亿元、4.4亿元。如表8所示，在民政部指定的20家互联网募捐信息平台中，大部分运营主体在北京，其次是浙江和上海，广东省只有一家，即广益联募。

表8 我国民政部指定的20家互联网募捐信息平台

序号	平台名称	运营主体
1	腾讯公益	腾讯公益慈善基金会
2	阿里巴巴公益	浙江淘宝网络有限公司
3	蚂蚁金服公益	浙江蚂蚁小微金融服务集团有限公司
4	新浪微公益	北京微梦创科网络技术有限公司
5	京东公益	网银在线(北京)科技有限公司
6	百度公益	百度在线网络技术(北京)有限公司
7	公益宝	北京厚普聚益科技有限公司
8	新华公益	新华网股份有限公司
9	轻松公益	北京轻松筹网络科技有限公司
10	联劝网	上海联劝公益基金会
11	广益联募	广州市广益联合募捐发展中心
12	美团公益	北京三块云计算有限公司
13	滴滴公益	北京小桔科技有限公司
14	善源公益	北京善源公益基金会(中国银行发起成立)
15	融e购公益	中国工商银行股份有限公司
16	水滴公益	北京水滴互保科技有限公司
17	苏宁公益	江苏苏宁易购电子商务有限公司
18	帮帮公益	中华思源工程扶贫基金会
19	易宝公益	易宝支付有限公司
20	中国社会扶贫网	社会扶贫网科技有限公司(国务院扶贫办指导)

广州市广益联合募捐发展中心（简称“广益联募”）依托广益联募平台，在广州市民政局、广州市慈善服务中心的指导支持下成立，旨在为广州

市及全国各地公益慈善组织提供互联网募捐服务支持。广益联募是民政部指定的首批全国慈善组织互联网公开募捐信息平台之一，以“做慈善事业的支持者”为宗旨，以“联结力量、增进公益”为使命，坚持“开放、透明、多元、融合”的理念，打造成为影响全国的“集善地”和全民慈善的便易平台。广益联募设有“善捐、善助、善品、善行、善知”五大特色板块，其中：“善捐”板块核心功能为慈善项目在线公开募捐；“善助”板块核心功能为个案求助；“善品”板块核心功能为慈善义卖；“善行”板块核心功能为慈善活动在线支持；“善知”板块核心功能为慈善行业能力支持。

截至2019年12月31日，广益联募平台入驻公益慈善组织336家，累计594家。其中2019年增加入驻公益慈善组织65家，含公募机构18家，广州市外机构32家，省级以下公益慈善组织占比86.15%。截至2019年12月31日，平台发布慈善项目737个，累计发布1074个。2019年，平台共发布慈善项目164个，其中81个慈善募捐项目已做信息公开，占比49%；扶贫济困类慈善项目43个，占比26%。其中，广州市慈善会以外的公募机构认领和发布的募捐项目共57个，占比35%，与2018年相比提高17%，平台公募组织活跃度明显提高。截至2019年12月31日，广益联募累计筹款4.52亿元，2019年筹款约为5321万元，捐赠8万余人次。①

（二）广益联募的经验总结

正如2018年CFPS数据显示，广东省居民的慈善捐赠热情在全国是最高的。作为本地唯一合法的互联网公开募捐信息平台，广益联募充分发挥“互联网+”优势，紧密结合广府文化特色，开展丰富的公益活动，广泛链接慈善资源。例如，联合慈善组织和公益项目开展新春花市慈善行活动，通过线下公益展位慈善义卖、项目宣传推介与线上募捐平台相结合筹集善款；结合广东地方传统民俗节庆活动——广府庙会，举办慈善庙会，

① 参见《2018年度广益联募平台运营报告》和《2019年度广益联募平台运营报告》，https://www.gyufc.org。

联合社会组织开展线上慈善庙会活动筹集善款；参与举办北京路公益慈善嘉年华活动，围绕“慈善为民爱传万家”主题，结合广府特色商圈文化，联合公益慈善机构，通过线下公益展位，引导鼓励公众参与“指尖慈善”；举行“善城汇爱”大型慈善惠民活动，获大量社会关注，营造了浓厚的全民参与慈善氛围；开展“益动善城”帽峰山徒步活动，打造了多个儿童教育类公益慈善项目并在广益联募平台设置筹款专题筹集善款；围绕乡村振兴（特别是乡村教育扶贫）主题，举办“乐善骑”活动，吸引市民参加，筹集善款用于支持从化山区儿童教育服务类公益项目；在大夫山森林公园开展慈善健康行活动，动员公众助力公益慈善，筹集善款用于番禺区内慈善救助业务。

广益联募还实施了“互联网＋政府资源”和“互联网＋爱心企业”战略，提升平台影响力和公信力，链接社会爱心资源。例如，参与广州市社会组织公益创投活动，设计并实施“启募计划”项目，获得公益创投资金支持；搭建线上劝募平台，联合广州市慈善会及多家公益慈善组织开展广州市福彩公益慈善项目大赛暨2019年网络筹款大赛，在广益联募平台设立专题筹集善款；结合广州民生项目长者“大配餐”服务，联合公益慈善组织，上线长者饭堂慈善募捐专题筹集善款，用于数万长者餐费补助、送餐补助等；联合“中国广州发布”“广州民政”“善城广州”等微信公众号，不定时发布平台活动信息和项目信息；梳理优质慈善项目并向爱心企业推介，特别是革命老区困境儿童、残障青年等特殊人群项目；整合平台优质项目制作项目案例集，向全市民营企业、国有企业、外资企业、私营企业、民族宗教界推介慈善项目，带动爱心企业参与公益慈善事业，促成慈善捐赠资源与项目对接。

广益联募立足本地，加强与其他地区的沟通联动，带动公益慈善组织齐发展。例如，携手湖南长沙、江苏南通、浙江宁波、山东济宁等国内50多个慈善城市的近150名政府代表、慈善组织负责人、专家学者等举办中国善城大会，促进慈善城市经验分享交流，链接爱心企业支持共建“慈善城市发展研究基地”，发掘慈善会系统在推进慈善事业发展方面的潜力；通过交流活动，与青海、新疆、湖南等地公益组织建立联系，邀请入驻平台，助力西部城市慈善会系统组织的互联网募捐能力建设。针对珠三角地区公益慈善组织，利用一年一度的广东扶贫济困日活动平台，为包括东莞、清远、阳江、潮州、珠海等慈善会在内的珠三角公益慈善组织提供互联网募捐服务，提升其依法开展互联网募捐的意识和能力。挖掘广东清远、陕西延川、贵州毕节等贫困地区慈善需求，了解其慈善项目合作意向，推广广益联募平台，为当地慈善工作者提供相关培训及服务。

（三）从广益联募看网络募捐平台普遍存在的问题

广益联募虽然是一个利民创举，但在发展过程中也存在一些突出问题，反映了我国网络募捐第三方平台目前普遍存在的困难。

第一，从平台自身的建设来说，存在技术开发及成本投入问题。广益联募平台于 2019 年底自行组建技术队伍，并与第三方公司进行技术交接，现阶段面临技术团队培养、技术团队对前沿科技场景应用的敏感度有待提升、与平台运营工作人员的互相配合有待优化、平台人力运营成本较高、缺少经费来源等问题。尤其是，对于慈善项目的进展情况展开实时跟踪并向捐赠者反馈，是网络募捐平台需要重点攻破的技术难点。

第二，平台之间存在较为严重的信息共享障碍。互联网公开募捐信息平台之间的互动较少，数据无法共享，无法发挥合力效应，不利于资源的整合和合理利用。同时，慈善项目存在在多个平台上线却未能核实的情况，监督项目信息公开较为困难，同时也增加了慈善组织项目发布、信息公开等负担，不利于资源的优化和配置。

第三，平台与对接的慈善组织之间存在合作障碍。首先，存在沟通不畅的问题。目前许多公募慈善组织在其官网开通筹款渠道，网络募捐第三方平台只发挥了慈善项目信息发布的作用，公募组织在其官网的筹款数据与平台独立，募捐项目后期信息公开情况平台无法核实。同时，与平台对接的基层慈善组织能力亟待提升。广益联募平台对接省级以下公益慈善组织占 85% 以上，并且大部分为街镇、社区公益慈善组织，对慈善募捐理解较为粗浅，平台工作人员在日常对接服务过程中提供募捐指导服务，但由于人员流动性大等原因，成效难以凸显。

第四，平台的影响力有限，且信息公开还有待完善。广益联募的项目和合作组织主要在广州，虽然与其他地区展开了联动，但影响力主要还是在本地。这一定程度上局限了其资源链接能力，不利于其长远发展。同时，平台并非对每一个发布的慈善项目都做到了及时的信息公开和跟踪，而这种情况也出现在其他的一些网络募捐平台。久而久之，必定会影响公众对网络募捐平台的信任，影响慈善热情。

四 总结及对策建议

互联网对于慈善事业而言是一把双刃剑。公益慈善除了享受互联网迅速发展带来的红利之外，最大的挑战莫过于信息的公开和快速传播使得社会大众极易对现有的慈善组织产生不信任心理，削弱慈善组织在社会上的号召力和公信力。随着传统慈善遭受越来越多的信任危机，网络慈善活动纷纷出现，而互联网上的众多求助信息虚虚实实，网络慈善活动的信息公开不完善，容易带来道德风险；除此之外，法律对网络慈善活动的监管难点重重，相关部门也不易介入，易成为不法人员骗取群众同情的温床。[①] 在此背景下，民政部指定了20家网络募捐平台，明确其合法认定标准，为规范网络募捐提供了重要保障。

然而，以广益联募为例的网络募捐第三方平台依然存在一些现实问题亟待解决。基于我国个体网络慈善捐赠行为的特征，针对网络募捐平台存在的问题，笔者认为可以从以下几个方面着手。

第一，加强监督和问责，建立行业标杆。募捐平台运行中向捐赠者明确善款的去向、项目内容信息、项目落实情况，是个体依托网络慈善平台参与

① 高晶怡：《网络公益与传统公益的区别及发展趋向》，《新闻世界》2012年第9期，第120~121页；曹守婷：《微公益时代：公益与网络的联姻》，福建师范大学硕士学位论文，2012；曲丽涛：《当代中国网络公益的发展与规范研究》，《求实》2016年第1期，第53~60页。

慈善捐赠的最重要的三类动力。[①] 这要求将内部监督和外部监督结合起来。就内部监督机制而言，需建立完善的账目管理制度和信息公示制度，促使受益人或募捐平台自律地使用募集到的资金，通过微信、微博等社交媒体公开项目过程、收支情况等信息，便于社会大众和媒体对资金的使用情况进行监督。从外部监督机制来看，可尝试第三方机构介入捐款资金的管理，便于提高信息的透明度和社会监督的实效性，亦可由行业组织定期构建并评估每个网络募捐平台的社会公信力指数，来向社会展示平台的社会公信力水平。这进而要求完善相关法律法规。规范的网络慈善传播内容、完善的信息公示制度、有效的资金和项目监督制度等离不开法律的保障和支持，也离不开国家的指引和管理。

第二，加大技术投入，完善平台建设，优化捐赠者体验。研究显示，网站慈善信息区域的规模大小、网站的质量与影响力、慈善组织财务资源的可视度对捐助者的参与产生显著影响。[②] 这相应地要求募捐平台积极建设和完善门户网站，加强网络公益广告的制作，利用微信公众号、微博和博客等多种手段收集公众意见和建议，这将有利于增强慈善项目的品质和吸引力。针对第三方公司开发和维护服务、技术人员的雇佣和相关成本投入的硬性要求，募捐平台可积极寻求政府、企业和其他慈善组织的资源支持，通过影响力投资的方式创新合作模式。募捐平台还可以在专业人士的指导下合理配置资产，加强资金的有效使用，保障基建投入。网络募捐平台需明确平台建设是决定其成败的关键之一。同时，网络募捐平台需警惕过度技术化，应坚持以人为本，坚守履行社会责任和慈善使命的初心。

第三，加强平台整合。我国民政部指定了 20 家网络募捐平台，但这些平台的合力没有得到充分体现。推动网络慈善捐赠的长远发展，需要从以下

---

① 钟艾珈：《网络慈善平台个体捐赠动力研究》，《管理观察》2018 年第 18 期，第 103 ~ 108 页。

② Gregory D. Saxton and Lili Wang, "The Social Network Effect: The Determinants of Giving through Social Media," *Nonprofit and Voluntary Sector Quarterly*, 2016 (5): 1 – 34.

几个方面着力：首先，这些平台应实现信息共享，建立起行业规范，推广“核心模块+特色模块”的运营模式。根据行业要求和规范，尽量实现平台“核心模块”的统一，例如统一信息公开和项目追踪的标准和程序，这要求相关开发技术的共享，有助于节约网络平台的开发和运营成本，也有利于网络募捐平台维持合理的运营和管理水平。再者，根据平台的主打项目领域、影响范围定位、地理位置特色合理确定“特色模块”。这要求突出平台的差异化和多样化特征，满足捐赠者的不同慈善需求。我国网络募捐平台的主管部门和指导单位也应该有更科学、长远的顶层设计，培养“全国一盘棋”的战略思维，根据我国个体网络慈善捐赠的特征（包括地域差异、城乡差异、捐赠者的人口学特征等）来综合配置网络募捐平台，降低网络募捐平台的重复性和单一性，优化资源利用。

第四，增强平台的影响力。在民政部指定的20家网络募捐平台中，除了腾讯公益、蚂蚁金服公益、阿里巴巴公益等少数平台之外，许多平台的影响力是十分有限的，例如广益联募的影响力就受限于地域位置。除了巧用各大公益慈善盛事等机会加大曝光度之外，在传播过程方面，现有研究强调意见领袖在网络慈善活动的传播中发挥着主导作用，他们不仅向大众推广慈善理念，还能增强大众对于受助者、慈善组织和慈善事业的信任。[①] 因而，有效利用意见领袖，对于推广网络募捐平台及其慈善项目有着重要作用。对于地方性网络募捐平台而言，需意识到影响力是公众信任的前提之一，因而应将“走出去”作为长期战略来部署。

第五，完善网络募捐平台与慈善组织的合作关系，实现双赢。网络募捐平台应提前制订合理的合作协议，明确要求通过平台募集善款的慈善组织配合后续的项目跟踪和信息的实时更新，要求通过平台发布信息的公募慈善组织配合平台的信息公开，接受社会监督。同时，基层慈善组织能力和素质总体偏低、从业者流动性大是我国普遍存在的一个现实，与我国慈善事业发展

① 唐嘉仪：《意见领袖对微博公益传播的作用》，《新闻世界》2011年第8期，第128～129页。

尚处于初级阶段有关。网络募捐平台与基层慈善组织对接时应充分做好心理准备，在合作过程中，可根据基层慈善组织的特色和可持续发展的需求提供建议、进行一对一的项目设计，增加培训方面的服务内容。这对于我国基层慈善组织的整体长远发展是益处颇多的。慈善组织的能力提升了会带动公众的慈善捐赠热情，反过来会推动网络募捐平台的发展。

B.5

广州慈善力量参与新冠肺炎疫情防控研究*

叶 托 杨雨欣**

摘 要： 新冠肺炎疫情暴发不久，广州慈善力量便积极参与到疫情防控工作之中，发挥了不可替代的作用。广州市政府引导慈善力量参与疫情防控的政策进程分为总体动员、规范提效和工作指引三个阶段。广州市慈善力量主要通过链接社会资源、组织志愿服务、提供心理援助、开展困难群众帮扶等途径参与疫情防控。在参与过程中，形成的主要经验包括：注重政策引导；加强慈善监管；提供慈善服务；重视政社合作；推动慈善组织间合作。

关键词： 慈善力量 新冠肺炎疫情防控 政策引导 广州

一 前言

2019年末突然暴发的新冠肺炎疫情是“新中国成立以来发生的传播速度最快、感染范围最广、防控难度最大的一次突发公共卫生事件”。① 在抗

* 本文系国家社科基金应急管理体系建设研究专项项目“社会组织参与重大突发事件应急管理的机制研究”（20VYJ029）研究成果。

** 叶托，华南理工大学公共管理学院副教授，硕士生导师，国家治理研究中心（广东省社会科学研究基地）副主任；杨雨欣，华南理工大学公共管理学院硕士研究生。

① 国务院新闻办公室：《抗击新冠肺炎疫情的中国行动》，国新网，2020年6月7日，http：//www.scio.gov.cn/zfbps/ndhf/42312/Document/1682143/1682143.htm。

击这场疫情中，慈善力量作为凝聚奉献精神、传递社会大爱的中坚力量，备受社会各界的关注。慈善力量主要是指无偿为受助者提供款物支援、心理援助、志愿服务等帮助的社会组织、企事业单位以及个人，具有主体广泛、专业性强、反应灵活、群众基础扎实等优势，能够在疫情防控中形成跨领域、多方联动的高效援助机制，弥补政府在款物筹集、资源调配等方面的不足。

广州有着悠久的慈善传统和深厚的慈善文化，自 2017 年做出创建“慈善之城”的决策部署之后，慈善体制机制进一步完善，慈善事业更加蓬勃发展。凭借这些扎实的基础，广州慈善力量在此次新冠肺炎疫情防控中反应迅速，行动有力，一方面采取严格措施确保自身疫情防控工作到位，另一方面通过汇聚慈善资源、开展志愿服务、帮扶困难群众等方式积极参与全市的疫情防控工作。

二　广州慈善力量参与新冠肺炎疫情防控的政策引导

面对突如其来的新冠肺炎疫情，全国各地各界慈善力量纷纷响应，积极投入抗击疫情阻击战。为了动员和引导慈善力量依法、规范、有序地参与疫情防疫工作，民政部及其下属单位发布了一系列指导性政策（见表 1）。随后，广东省民政厅也相继发布了《关于动员慈善力量依法有序参与新型冠状病毒感染的肺炎疫情防控工作的公告》《关于社会组织做好新冠肺炎疫情常态化防控工作的通知》等政策。这些政策主要包含四个方面的内容：第一，广泛动员和鼓励各类慈善组织、社会工作服务机构和志愿服务组织依法有序地参与疫情防控；第二，支持慈善组织开展募捐活动，规范慈善组织的募捐行为，保障信息公开透明；第三，引导慈善组织、社会工作服务机构和志愿服务组织关爱防疫一线医务人员及其家属，聚焦疫情困难群众兜底保障；第四，严格落实社会组织防疫主体责任，为工作人员和志愿者提供人身安全保障，推动防疫工作常态化。在此背景下，广州市政府精心出台相关政策，积极动员、规范并引导全市各类慈善组织参与抗疫工作。

表1　民政部引导慈善力量参与新冠肺炎疫情防控的主要政策文件

发文机构	发文日期	文件名称
民政部	2020 年 1 月 26 日	关于动员慈善力量依法有序参与新型冠状病毒感染的肺炎疫情防控工作的公告
民政部	2020 年 2 月 7 日	关于在新型冠状病毒感染肺炎疫情防控工作中进一步加强慈善捐赠款物管理使用的通知
民政部社会组织管理局 民政部社会组织服务中心党委	2020 年 2 月 10 日	关于民政部业务主管社会组织在参与疫情防控工作中发挥示范引领作用的通知
民政部社会组织管理局	2020 年 2 月 11 日	致全国社会服务机构和社区社会组织的新冠肺炎疫情防控倡议书
民政部社会组织管理局 民政部慈善事业促进和社会工作司	2020 年 2 月 14 日	慈善组织、红十字会依法规范开展疫情防控慈善募捐等活动指引
民政部办公厅	2020 年 3 月 8 日	关于开展“携手同心助战疫关爱保障行动”的通知
民政部社会组织管理局 民政部社会组织服务中心党委	2020 年 3 月 13 日	关于民政部业务主管社会组织进一步在统筹推进疫情防控和经济社会发展工作中积极作为的通知
民政部社会组织管理局	2020 年 3 月 13 日	关于社会组织规范开展疫情防控相关评比达标表彰活动的提示
民政部办公厅	2020 年 3 月 17 日	关于印发《志愿服务组织和志愿者参与疫情防控指引》的通知
民政部	2020 年 5 月 12 日	关于做好疫情防控常态化形势下慈善捐赠工作的通知

资料来源：民政部，http：//www. mca. gov. cn。

（一）广州市引导慈善力量参与新冠肺炎疫情防控的政策进程

广州市引导慈善力量参与新冠肺炎疫情防控的政策进程大概可以分成三个阶段：第一阶段是总体动员阶段，在疫情初期，出台的政策旨在动员慈善力量积极参与新冠肺炎疫情防控；第二阶段是规范提效阶段，针对慈善行为不规范、效率不高两大问题，制定了规范慈善行为、提高慈善工作效率的相关政策；第三阶段是工作指引阶段，在新冠肺炎疫情形势趋于稳定之后，对慈善力量参与常态化疫情防控工作作出了具体的指引（见表2）。

表 2　广州市引导慈善力量参与新冠肺炎疫情防控的主要政策文件

政策阶段	发文机构	发文日期	文件名称
总体动员阶段	广州市社会组织管理局	2020 年 1 月 24 日	关于全力做好新型冠状病毒感染的肺炎疫情防控工作的紧急通知
	广州市民政局	2020 年 1 月 29 日	关于动员慈善力量依法有序参与新型冠状病毒感染的肺炎疫情防控工作的公告
规范提效阶段	广州市社会组织管理局	2020 年 2 月 6 日	关于做好社会组织疫情防控捐赠工作的通知
	广州市民政局	2020 年 2 月 19 日	关于在新冠肺炎疫情防控工作中进一步加强慈善管理工作的紧急通知
工作指引阶段	广州市社会组织管理局	2020 年 5 月 29 日	关于印发《广州市社会组织新冠肺炎疫情常态化防控工作指引》的通知

资料来源：广州市民政局，http：//mzj. gz. gov. cn；广州市社会组织管理局，http：//mzj. gz. gov. cn/gznpo。

1. 总体动员阶段

新冠肺炎疫情暴发初期，民政部紧急发布相关政策文件，呼吁慈善力量参与疫情防控，积极组织慈善款物捐赠和提供志愿服务。全国各省市区政府积极响应国家的号召，动员本地慈善组织和志愿服务团体依法有序参与疫情防控工作。

广州市属于超大城市，人口规模巨大、密集度高和流动性强，疫情防控工作的难度不言而喻。2020 年 1 月 23 日，广东省正式启动广东省重大突发公共卫生事件一级响应，次日，广州市社会组织管理局便发布了《关于全力做好新型冠状病毒感染的肺炎疫情防控工作的紧急通知》，动员社会组织参与疫情防控，并鼓励社会组织抓紧完善疫情防控应急预案，严格落实主体责任，切实做好疫情防控工作。1 月 29 日，广州市民政局发布了《关于动员慈善力量依法有序参与新型冠状病毒感染的肺炎疫情防控工作的公告》，“倡导全市各慈善组织、社会工作服务机构、志愿服务组织发挥自身优势、动员社会力量……采取切实有效措施，对全国、我省及我市疫情防控工作提供支持，协助党和政府遏制疫情加快蔓延势头并做好后续相关工作，为疫情防控工作贡献力量”。这一阶段的政策特点是，对慈善组织进行总体性动员，动员的主要内容包括鼓励灵活开展慈善募捐活动，公布接收捐赠物资和资金的重要渠道，引导包括慈善组织在内的社会组织支持疫情防控部门的工作，等等。

2. 规范提效阶段

在国内疫情形势最严峻的时期，湖北和武汉红十字会作为防疫物资接收和调配的枢纽，短时间内收到来自全国各地的巨额款物，并出现了慈善行为不规范、慈善款物配置效率不高等问题，引发了公众的信任危机。对此，民政部印发了《关于在新型冠状病毒感染肺炎疫情防控工作中进一步加强慈善捐赠款物管理使用的通知》《慈善组织、红十字会依法规范开展疫情防控慈善募捐等活动指引》两个政策文件，旨在规范慈善行为，提高慈善组织效率，确保慈善资源得到有效利用。

为了响应民政部的政策要求，进一步规范广州市慈善募捐与款物分配行为，广州市社会组织管理局于2月6日出台了《关于做好社会组织疫情防控捐赠工作的通知》，要求规范社会组织受赠行为，依法开展公开募捐。不久，广州市民政局又发布了《关于在新冠肺炎疫情防控工作中进一步加强慈善管理工作的紧急通知》，进一步提出要“加强与捐赠人、受益人以及新冠肺炎疫情工作领导指挥部门的沟通协调，高效促进慈善资源供需有序对接，全面提高捐赠款物拨付使用效能”。总体来说，此阶段的政策目标主要是强化对慈善行为尤其是慈善募捐和分配的规范和管理，提高慈善组织参与防疫工作的规范和效率。相关政策的内容主要包含规范慈善组织受赠行为，完善慈善捐赠工作制度，明确款物拨付流程，严格落实各区民政局的监督审计工作，等等。

3. 工作指引阶段

2020年4月8日，习近平总书记在中共中央政治局常务委员会会议上指出，“要坚持在常态化疫情防控中加快推进生产生活秩序全面恢复”[①]。此时，国内的新冠肺炎疫情防控进入了一个新阶段，广州市的疫情防控也步入

① 《中共中央政治局常务委员会召开会议　习近平主持》，新华网，2020年4月8日，http：//m.xinhuanet.com/2020-04/08/c_1125829634.htm。

常态化阶段。5月29日，广州市社会组织管理局出台了《广州市社会组织新冠肺炎疫情常态化防控工作指引》，为社会团体、社会服务机构以及基金会等社会组织提供常态化防控管理以及应急处置的工作指引，帮助包括慈善组织在内的社会组织做好疫情常态化防控工作。这一阶段的政策目标是强化对慈善力量疫情常态化防控管理的有效指导，政策内容则包括常态化防控措施与应急处置措施两个方面。

（二）广州市引导慈善力量参与新冠肺炎疫情防控的政策类型

通过对上述政策文件的深入分析，可以归纳出广州市为了引导慈善力量依法有序参与新冠肺炎疫情防控，主要采取了劝谕、激励与管制等三类政策。

1. 劝谕类政策

（1）动员慈善力量参与疫情防控。新冠肺炎疫情防控是关乎人民群众生命健康安全的重大举措，广州市政府积极动员慈善力量高度重视疫情防控，主动承担责任，做好内外防疫工作。第一，呼吁慈善组织做好内部防控。广州市呼吁慈善组织积极做好内部安全防范、宣传教育、环境卫生治理工作，完善疫情防控和应急处置预案，严格落实组织成员健康管理和检测工作，加强对内部人员的防疫知识培训，使其掌握基本防疫技能。第二，呼吁慈善力量参与与疫情防控相关的志愿服务和社会服务。广州市积极动员社会服务机构和志愿服务团体以提供志愿服务和社会服务的方式参与疫情防控工作，协助社区开展联防联控和群防群治，向独居孤寡老人、低收入残疾人士、困境儿童等弱势群体提供帮扶救助、心理辅导等服务。

（2）鼓励慈善力量开展疫情防控知识的宣传。广州市鼓励慈善力量宣传新冠肺炎疫情防治防护知识与相关防疫政策。在政策文件中，广州市民政部门不仅引导包含慈善力量在内的社会组织采取“线上＋线下”多渠道进行防疫宣传，比如利用微信、手机信息、网站微博、媒体报道、广告栏宣传等途径扩大疫情防治宣传的影响力，而且对防疫宣传的内容也作出了明确的指引，主要包括保持社交距离、积极佩戴口罩等个人疫情防护知识，以及强制居家隔离、集中隔离健康观察等防疫政策。

（3）倡导慈善捐赠与募捐行为。广州市倡导社会力量为疫情防控捐赠款物，并鼓励慈善组织开展募捐。首先，倡导慈善捐赠行为。广州市民政局1月29日发布的《关于动员慈善力量依法有序参与新型冠状病毒感染的肺炎疫情防控工作的公告》向社会公布了几个重要的慈善捐赠渠道：广州市红十字会和广州市慈善会可以接收捐赠物资，广州市慈善会可以接收捐赠资金，广州市慈善会在民政部指定的慈善组织互联网公开募捐信息平台广益联募设立了“新冠肺炎紧急驰援”在线捐款项目。其次，鼓励慈善募捐行为。广州市不仅鼓励具有公开募捐资格的慈善组织依法依规开展募捐，而且鼓励慈善组织和爱心企业设立防疫专项基金，用于防疫物资的购买、传染病治愈药物的研发等，为疫情防控工作提供资源保障。由于医用口罩、防护服以及医疗设备等防疫物资需求量很大，广州市特别鼓励慈善组织募集稀缺防疫物资，尽量满足一线医疗机构防疫的物资需求。

2. 激励类政策

（1）落实慈善捐赠税收政策。为了鼓励社会各界慈善力量积极向新冠肺炎疫情防控事业奉献爱心，国家税务总局广州市税务局曾于2月11日出台了《国家税务总局广州市税务局全力落实支持疫情防控政策的措施》，其中“全力落实疫情防控捐赠税收政策”占据重要篇幅。第一，向在疫情防控中有过公益性捐赠行为的主体提供税收优惠。这主要包括两种情况：一是针对企业和个人通过公益性慈善组织或县级以上人民政府及其部门捐赠用于抗击疫情的现金和物品，以及企业和个人直接向承担疫情防治任务的医院捐赠用于应对疫情的物品，允许在计算应纳税所得额时全额扣除；二是针对单位和个体工商户将自产、委托加工或购买的货物向上述部门及单位捐赠的情况，允许免征增值税、消费税、城市维护建设税、教育费附加、地方教育附加。第二，要求进一步简化税前扣除办理流程，为个人、机关、企事业单位的慈善捐赠税前扣除办理提供便利。

（2）荣誉激励。广州市积极推进民政部发起的“中华慈善奖”的补充推荐工作，为在本市新冠肺炎疫情防控工作中表现突出，以及为湖北、武汉等疫情重灾区防控工作作出重大贡献的捐赠个人、企业、志愿者、爱心团队、慈善项目、慈善信托等推荐奖项，以此激励社会各界参与慈善事业，持续为疫情防控工作提供支持。

3. 管制类政策

（1）规范受赠行为。为了规范包括慈善组织在内的社会组织受赠行为，广州市社会组织管理局于2月6日发布了《关于做好社会组织疫情防控捐赠工作的通知》，对社会组织接收捐赠款物的流程、保管及使用财物的要求以及受赠财物的信息公开进行了明确规定。第一，要求社会组织严格按照《中华人民共和国公益事业捐赠法》与社会组织财务管理的规定接收捐赠款物，办理入账手续，签订捐赠协议并出具合法有效的票据。第二，要求社会组织妥善保管并遵守捐赠协议使用受赠财物。第三，要求社会组织严格遵照相关规定公开接受捐赠的基本情况，包括接收财产明细、使用去向、如何管理等，并主动将上述情况上报业务主管部门和社会组织登记管理部门，接受社会监督。

（2）规范公开募捐行为。在规范公开募捐行为方面，广州市先后在《关于动员慈善力量依法有序参与新型冠状病毒感染的肺炎疫情防控工作的公告》《关于做好社会组织疫情防控捐赠工作的通知》等政策文件中重申公开募捐行为的法律法规规定。其一，重申公开募捐的资格限定与募捐活动的备案制度。慈善组织开展公开募捐需要依据《中华人民共和国慈善法》和《慈善组织公开募捐管理办法》的规定获取公开募捐资格并制定募捐方案，开展募捐活动也需提前向有关部门备案。其二，强制慈善组织公开募捐信息。慈善组织要在慈善项目终止3个月内在本网站、微信公众号或者民政部指定的募捐信息平台公开慈善项目实施情况。不久，广州市民政局又在《关于在新冠肺炎疫情防控工作中进一步加强慈善管理工作的紧急通知》中进一步强调，要加强政府对公开募捐行为的监督检查，要求各区民政局强化对慈善组织公开募捐行为的监管，确保公开募捐活动依法有序开展。

三　广州慈善力量参与新冠肺炎疫情防控的典型案例

广州市慈善力量在政府的政策引导下，充分发挥自身优势，积极投身于新冠肺炎疫情防控工作，在链接社会资源筹集防疫物资、组织志愿服务活动、提供心理援助、开展困难群众帮扶等方面表现突出，产生了广泛而良好的社会影响。本文选取了一些典型案例，以展示广州市慈善力量参与疫情防控的积极作为和良好风貌。

（一）链接社会资源

新冠肺炎疫情期间，抗疫一线（救治医院、基层社区）和困难群体均面临防疫物资、资金紧缺的压力。广州市慈善力量发挥资源链接的作用，积极保障重点地区及人群的款物需求。慈善组织的优势在于它来自民间，具有较强的社会动员能力，在重大灾害或危机事件中能够通过广泛的社会渠道迅速汇聚社会各界爱心。① 慈善组织不仅能够从社会汲取大量的资源，而且往往能够敏锐地察觉到组织和群体的资源需求，并予以及时回应，帮助缓解疫情防控压力。

案例1　广州市慈善会

广州市慈善会作为慈善枢纽，在链接社会资源、助力疫情防控上具有先天优势。在疫情防控期间，广州市慈善会广泛链接来自个人、企业、基金会、行业协会等的社会资源，助力疫情防控。一方面，助力市内保障困难群众和防疫一线家庭生活物资，筹集20万个口罩，通过社工服务站和居（村）委发放给困难群体；募集470万元善款，联合广州市妇联等单位为一线医护人员的家庭配送生鲜食品套餐。另一方面，支援湖北及贫困地区，协同爱心企业为湖北省荆州市疫情防控一线医务人员提供烤鱼块、干衣机等生活物资；还携手广东省内企业、商会协会向贵州省毕节市、黔南州和四川省甘孜州色达县、理塘县等贫困地区捐助了5万只一次性口罩。

① 郑子青：《从新冠肺炎疫情应对看慈善参与短板和未来发展》，《社会保障评论》2020年第4卷第2期，第12页。

案例2　广州社联困境儿童关爱中心

广州社联困境儿童关爱中心积极链接社会资源为困境儿童筹集生活、学习物资。2020年2月13日，关爱中心启动了“成长道路、相伴童行”——广州市百名困境儿童结对帮扶项目，了解广州市困难儿童在新冠肺炎疫情期间的紧迫需求。在疫情早期，关爱中心从广州市游戏行业协会、广州市越秀区创意产业协会和广东中达励展文化产业有限公司链接到大量的学习物资，将之整合成“2020蓄力护童包”，捐赠给市内139名困境儿童。在广州市中小学复课之后，关爱中心摸查困难儿童的“云课堂”设备需求，最终向17户确认存在紧急设备需求的困境儿童提供了总价值37300元的电脑设备。

（二）组织志愿服务

组织志愿服务是慈善力量参与新冠肺炎疫情防控工作的一种重要途径。现代志愿服务不仅体现了传统慈善所秉持的利他主义、志愿主义等价值信念，而且越来越强调主体动机、自我反思和自治等能动性要素。[①] 在此次新冠肺炎疫情防控中，广州市慈善力量充分发挥自身能动性，自发而快速地组建了大量的志愿服务团队，并在各个领域开展了各式各样的志愿服务活动，有力地支持了城乡社区疫情防控工作。

案例1　广州农商银行太阳公益基金会

在疫情防控的早期阶段，城乡社区作为“外防输入，内防扩散”的重要防线，面临巨大的疫情防控压力，人手严重不足。在了解到这种情况之后，广州市农商银行太阳公益基金会迅速组建志愿团队，并主动与镇街政府的防疫工作部门联系，动员约1300名志愿者加入城乡社区防疫一线，为构

① Anthony J. Spire, “Chinese Youth and Alternative Narratives of Volunteering,” *China Information*, 2018, 32 (2): 203 - 223.

建群防群治的疫情防控堡垒不懈努力。这批志愿者被分配到辖区村镇、工业园区以及医疗科技公司提供与疫情防控相关的志愿服务。他们的工作职责相当广泛，包括为村民送去消毒水、洗手液等防疫物资，为园区内出入人员提供测体温、登记办理出入卡等服务，参加巡逻和监控，等等。在医疗科技公司的一部分志愿者还接受了专业的岗前培训和防护指导，投入医疗防疫物资流水线生产工作中。

（三）提供心理援助

根据心理学家的研究，突发公共卫生事件会给罹患人群、隔离人群、家属、普通就医者及一般公众带来相当普遍的心理压力和情绪问题，比如恐慌、焦虑、疑病、强迫和抑郁等。[①] 因此，应对突发公共卫生事件，不仅需要高度重视个人身体健康防护，而且需要戴上“心理口罩”，增强心理对疫情的免疫力与抵抗力，帮助民众缓解情绪障碍。在新冠肺炎疫情期间，广州市慈善力量很早便意识到心理援助的重要性，并启动了不少“心理援助计划”。

案例 1　广州市心理咨询师协会

广州市心理咨询师协会在疫情期间积极向社会提供心理援助与心理危机干预服务。早在除夕前夜，该协会就成立了“抗疫公益心理援助”小组，并启动了“防疫公益心理援助计划”。首先，培训防疫心理疏导志愿服务小组。该协会适时编写了《抗击新型肺炎疫情——危机事件中的心理疏导原则与技巧》培训教材，为广州市第一批 181 人“心理防疫”青年突击队提供了岗前培训，确保心理援助服务的专业性和质量。其次，助力筑牢抗疫“心理防线”。根据该协会提供的数据，“截至 2020 年 4 月 19 日，协会为公益心理援助计划累计提供各类咨询等服务 3.9 万余人次，心理防疫专家线上

① 王一牛、罗跃嘉：《突发公共卫生事件下心境障碍的特点与应对》，《心理科学进展》2003 年第 11 卷第 4 期，第 388 ~ 389 页。

讲座55次，发布430余条疫情防控和科普宣传信息，服务20个心理爱好和科普微信群（QQ群）合计2.9万余人次，群内答疑720余次，播放防疫课程7.1万余次”。最后，跨省合作进行心理危机干预。一位援助湖北抗疫的医务人员遭遇至亲离世的变故。在收到求助信息后，广州市心理咨询师协会联合湖北省心理咨询师协会分别对该医务人员及其家属提供了心理援助服务。在此次跨省联系心理援助中，广州市心理咨询师协会展现出应对突发心理危机事件的专业性，有助于前线医务人员安心抗疫。

案例2 广州市为本社会心理慈善服务中心

广州市为本社会心理慈善服务中心在1月25日正式启动“疫情心理援助计划”，开展一系列心理援助工作。该中心主要通过宣传教育、线上服务以及志愿活动等方式为民众提供丰富、多元而便利的心理防护服务。在宣传教育层面，该中心开设“心理口罩”系列公益课程，指导民众自助互助，缓解疫情带来的焦虑、应激过度等心理问题。不仅如此，该中心还通过“互联网+科普”的形式在微信、微博、相关教育网站上宣传疫情科普和心理防护小知识。在线上服务层面，该中心迅速搭建了“疫情心理服务云平台”，提供免费的心理健康服务，帮助大众调节自身心理状态。在志愿活动层面，该中心发起“疫情志愿者招募”，并对志愿者进行了疫情防控、心理援助等专业知识的线上培训，使他们有能力向身边的家人和朋友提供心理支持。

（四）开展困难群众帮扶

在重大突发公共卫生事件中，由于经济能力弱、自我防护意识不足、信息获取能力不足等因素，困难群体往往更加脆弱，不仅容易受到突发事件的伤害，而且容易受到物资供应和服务供给不足等次生灾害的影响。[①] 此次疫

① 关信平：《重大突发事件中困难群体兜底保障体系建设思路》，《中共中央党校（国家行政学院）学报》2020年第24卷第3期，第23页。

情防控期间，广州慈善力量高度关注困难群体的生活境况，持续为他们提供切实的帮扶。

案例1 广州市尚丙辉社会工作服务中心

广州市尚丙辉社会工作服务中心于2020年2月11日组建疫情防控党员突击队，将露宿者定位为主要的服务对象。该中心敏锐地注意到，露宿者由于经常四处流动和缺乏防疫物资，更加容易感染和传播新冠病毒。为此，该中心的疫情防控党员突击队多次组织志愿者到广州火车站、一德路、广州东站、体育西路等露宿者聚集地段开展服务。根据该中心提供的数据，已向露宿者派发10028个口罩，并向露宿者宣传了口罩使用、病毒危害等疫情防控知识。在疫情期间，该中心还帮助21名露宿者寻找到亲人，甚至有志愿者不顾疫情风险将一些行动不便的孤寡老人护送回家。

四 广州慈善力量参与新冠肺炎疫情防控的经验启示

（一）注重政策引导

广州市注重对慈善力量参与疫情防控的政策引导。自疫情发生以来，广州市民政部门先后发布《关于全力做好新型冠状病毒感染的肺炎疫情防控工作的紧急通知》等一系列政策文件。其中，劝谕类政策为慈善力量明确了参与疫情防控的具体行动方向，包括动员慈善力量做好内部防控并参与社会服务，鼓励慈善组织开展疫情防控的宣传和教育，倡导慈善募捐和捐赠行为等；激励类政策主要通过推动落实捐赠税收优惠政策、为在疫情防控中做出重要贡献的个人或团体推荐荣誉等措施激发社会爱心，壮大慈善力量队伍，吸引更多社会慈善力量投入疫情防控工作；管制类政策则旨在规范慈善行为尤其是受赠行为与公开募捐行为，保证慈善活动合法、公开、透明，确保慈善资源得到及时高效的利用。

（二）加强慈善监管

疫情期间，慈善组织开展的慈善活动受到公众的高度关注。广州市充分认识到慈善组织的公信力与工作效率对防疫款物募集成效的影响，因此出台政策对慈善行为尤其是慈善募捐活动予以规范，同时要求各区民政局落实监管责任，重点加强对慈善组织公开募捐活动的监管。一方面，规范受赠行为。广州市要求慈善组织严格遵照法律规定接收和使用慈善捐赠，定期向社会公开捐赠款物的接收和使用情况。另一方面，规范慈善组织公开募捐行为。公开募捐的社会影响广泛，广州市要求慈善组织在开展公开募捐之前必须依法获得公开募捐资格并办理相关手续，建立充分的信息披露机制，主动接受社会监督。这一系列加强慈善监管的措施，有助于确保慈善组织的公信力，提高慈善款物使用与分配效率，激发社会各界对于疫情防控的捐献热情。

（三）提供慈善服务

除了关注慈善款物募集之外，广州市也十分重视慈善服务在疫情防控中的重要性。在广州市政府的政策引导下，一大批社会组织投身慈善服务，通过开展志愿服务、提供心理援助、帮扶困难人群等慈善服务，从严从细补牢疫情防控缺口，为广州市疫情防控工作的稳步推进做出积极贡献。比如，广州市志愿者协会采取“社工＋志愿者”联动的模式开展疫情防控志愿服务，通过防疫知识宣传普及、健康排查等服务，帮助社区居民提高警惕，做好个人防护，同时开通空巢老人志愿服务热线，为老年人提供代购、跑腿以及探访等帮扶服务。再如，广州市社会工作协会倡导实施“广州社工红棉守护行动”，这一倡议获得全市 71 家社会工作服务机构的支持，截至 2020 年 7 月 20 日，“广州社工红棉守护热线”已累计向 104 万余市民提供了防疫知识咨询、疫情防控咨询、情绪宣泄疏导或心理减压辅导等服务。

（四）重视政社合作

突发公共卫生事件具有高度的复杂性，单靠政府或社会力量均难以有效应对，需要政府与社会携手合作，协同应对。疫情期间，广州市政府部门和慈善力量积极联动，相互支持与配合，共同筑起了疫情防控的坚固堡垒。一方面，广州市各个部门和各级政府积极发挥沟通协调作用，帮助慈善力量链接爱心企业、爱心人士的资源，对接疫情防控机构、困难群体的需求。另一方面，广州大部分的慈善力量也深刻地意识到，政府在突发公共危机事件管理中占据主导地位，慈善力量只有主动融入政府搭建的应急响应体系中，才有可能在疫情防控中贡献更大的力量。

（五）推动慈善组织间合作

新冠肺炎疫情暴发之后，不仅政府与慈善力量彼此联动，协力抗疫，而且慈善力量之间也常常相互交流，取长补短，整合资源，共同助力疫情防控。比如，广州市慈善会充分发挥慈善枢纽作用，联合中国扶贫基金会、慈济慈善事业基金会等 10 家国内知名基金会，带动约 50 家公益慈善组织开展志愿服务、帮扶困难群体、慈善款物筹集等活动。不仅如此，广州市慈善组织还积极与疫情重灾区、贫困地区的慈善组织进行跨区域合作，协力应对抗疫过程中的棘手问题。例如，广州市大同社会工作服务中心积极参与由武汉社联、武汉市逸飞社会工作服务中心发起的线上援助武汉社工志愿服务，共同为武汉市后湖社区、东西湖社区的居民提供病情诊断、居家隔离方案、防疫防控知识、心理咨询辅导等线上服务，帮助减轻武汉市慈善力量的防疫压力。

B.6

广州慈善力量参与脱贫攻坚观察报告

王海洋 *

摘　要： 广州慈善组织凝聚多方社会力量参与脱贫攻坚成效显著。基于对广州慈善组织参与脱贫攻坚相关文本资料的初步分析，广州慈善力量参与脱贫攻坚主要集中在教育扶贫、健康扶贫与志愿扶贫三大领域。其参与脱贫攻坚工作的特点为：党建引领，慈善组织有序参与，慈善会搭建市域慈善平台，“救助型”与“培力型”扶贫项目各有所长，扶贫由“广泛性”活动到“精准性”项目转向；脱贫攻坚任务完成后，相对贫困治理过程中，慈善组织参与减贫工作应深化党建引领机制，明确慈善组织的“协同角色”定位，建立社会工作常态化参与机制，培育反贫困行动者的主体性，以市域社会治理现代化整合慈善组织扶贫。

关键词： 慈善组织　脱贫攻坚　参与模式

一　广州慈善组织参与脱贫攻坚的基本实践情况

2015年，中共中央决定在全国范围内开展脱贫攻坚战，明确到2020年现行标准下农村贫困人口全部脱贫。在此之后，各方力量被充分调动起来，

* 王海洋，东莞理工学院社会工作系副主任、副教授。

并取得了显著的成效。[①] 公益慈善组织参与扶贫是国家扶贫开发战略的重要组成部分，作为我国公益慈善事业发展最快的地区之一，广州慈善组织积极参与到脱贫攻坚工作之中，作用非常突出。

本文考察的广州慈善组织，主要包括在广州市级和市辖区登记、认定为慈善组织的社会组织。广州慈善组织涵盖基金会、社会团体、社会服务机构等社会组织类型。考察的扶贫攻坚地域范围，涵盖广州市内贫困社区（村）；省内贫困地区，如河源、清远、高州等；外省贫困区域，如广西、江西、贵州、四川、云南、甘肃等。

广州慈善组织参与脱贫攻坚，具有广泛性和多样性的特点。从参与领域看，涵盖教育扶贫、健康扶贫、志愿扶贫等领域；从工作特点看，呈现“在地化”与“异地化”、“救助型”与“培力型”、“广泛性”与“精准性”、“项目化”与“活动化”等特点；从帮扶内容看，包括物品捐赠、设施援建、就业帮扶、医疗支援、专项救助、困难帮扶、助学访查、教育培训、能力建设、在地组织培养、课题研究等。

二　广州慈善组织参与脱贫攻坚的工作领域与内容

《国务院扶贫开发领导小组关于广泛引导和动员社会组织参与脱贫攻坚的通知》（国开发〔2017〕12 号）指出，社会组织是我国社会主义现代化建设的重要力量，是动员组织社会力量参与脱贫攻坚的重要载体，是构建专项扶贫、行业扶贫、社会扶贫“三位一体”大扶贫格局的重要组成部分。[②] 社会组织参与脱贫攻坚，既是社会组织的重要责任，又是社会组织服务国家、服务社会、服务群众、服务行业的重要体现。该通知明确指出，社会组

① 周飞舟、谭明智：《“责任到人”的治理机制及其作用——以脱贫攻坚战为例》，《学海》2020 年第 3 期，第 49 页。

② 《国务院扶贫开发领导小组关于广泛引导和动员社会组织参与脱贫攻坚的通知》，中华人民共和国民政部，2017 年 12 月 8 日，http：//mzzt. mca. gov. cn/article/tpgj/zckt/201712/20171200894288. shtml。

织参与脱贫攻坚的重点领域为产业扶贫、教育扶贫、健康扶贫、易地扶贫搬迁、志愿扶贫、其他扶贫等。通过整理与分析广州市慈善组织参与脱贫攻坚相关文本，发现广州慈善组织参与脱贫攻坚的领域主要集中在教育扶贫、健康扶贫、志愿扶贫三个领域。

（一）教育扶贫：助学助困、扶贫支教与结对帮扶广泛开展

《国务院扶贫开发领导小组关于广泛引导和动员社会组织参与脱贫攻坚的通知》指出，鼓励社会组织特别是基金会参与《教育脱贫攻坚“十三五”规划》《职业教育东西协作行动计划（2016—2020年）》等政策的落实工作，参与实施教育扶贫结对帮扶、扶贫助学助困项目。鼓励社会组织通过增强贫困地区教育培训机构能力和师资水平，开展科学普及，提升贫困地区教育水平，帮助扶贫对象（含建档立卡贫困人口、农村低保对象、特困人员、贫困残疾人）学习掌握职业技能、致富技术，提供职业指导，增强就业能力。鼓励社会组织有序组织大学生、退休教师、社会人士到贫困地区开展扶贫支教。广州慈善组织在这场脱贫攻坚战中，从其自身资源与优势出发，开展了形式多样、内容丰富、颇具成效的教育扶贫工作，具体如下。

1. 助学助困：物资支持与经济援助

慈善组织助学助困是指为困难家庭学生完成学业与健康发展提供经济援助、物资支持、心理援助、社会关怀等。广州慈善组织中参与助学助困的慈善组织相对较多，经济援助与物资支持、心理关怀较为普遍。

（1）针对教学物资、学习环境的资源支持。教学物资老旧、缺乏，学习环境差，极大地影响到教学活动的开展。广州市慈善组织通过募集资源、改善环境，进行教育扶贫。例如，广州市乐善助学促进会成立于2004年，现已在全国12省80县（市）开展助学活动与项目。[①] 乐善助学促进会发起“书桌捐赠项目”，2018年共筹款637125.1元，捐赠金额913300元，捐赠书桌7006套、讲台171张，覆盖广东、江西、湖南、广西四省（区）11个

① 广州市乐善助学促进会：《乐助会助学简报》总第100期，2019年9月。

县市 63 所学校，直接受惠人数 7177 人。[①] 2019 年，乐善助学促进会在广益联募平台发起了“一人一书桌项目”，通过该项目为贫困农村小学更换残旧书桌，以改善学习环境。广州市长鹿六脉慈善基金会与广东省丹姿慈善基金会投入 10 万元支持云浮 12 所学校配备直饮水机设备，解决师生安全饮水问题。[②] 广州社联困境儿童关爱中心既为省外学校征集物资，也针对性地改善省内贫困学子面临的困境。该机构为贵州省毕节市威宁县的小学筹集书籍及桌椅等教学用具；通过“筑梦书房”项目进行家居学习环境改造，解决广州市内贫困家庭儿童学习环境差的问题。

（2）针对特定对象的学习经费支持。针对特定对象（建档立卡贫困人口、农村低保对象、特困人员、贫困残疾人）的直接经济援助需求，广州慈善组织做了大量工作。例如，广州市乐善助学促进会截至 2019 年 10 月 10 日资助贫困学生 12068 名，资助款超过 3600 万元。[③] 广州社联困境儿童关爱中心曾联合广州市古玩行业商会、广东省非物质文化遗产促进会主办“扶贫行善、相伴童行”，通过拍卖会的形式为贫困儿童筹集助学资源。广州市春芽公益基金会设立了“扶贫助学”专项基金用于资助云南省红河州建水县、怒江州福贡县贫困学生，定期资助其生活费，致力减少贫困家庭孩子失学辍学与因学致贫、因学返贫的现象。

2. 支教助教：注重教师资源改善

贫困地区的教学资源缺乏，也体现在作为教育主体的教师资源缺乏。广州慈善组织通过提升教师资源进行教育扶贫。第一，通过组织大学生、退休教师、社会人士到贫困地区开展支教，对贫困地区进行人力资源援助。例如，广州市苗圃行动公益基金会开展乡村教师支持计划，有序组织大学生志愿者到贫困地区乡村小学支教，并对支教志愿者提供培训、食宿、交通等费

① 《慈善募捐：乐助会一人一书桌》，广益联募网，https：//www. gyufc. org/home/project/detail/id/570. html#detail。

② 《这个暑假，广东“牵手行动”持续进行，百家社会组织继续牵手守护儿童健康成长》，广东社会组织信息网，2019 年 9 月 23 日，http：//smzt. gd. gov. cn/shzz/xwzx/zzfc/content/post_2682476. html。

③ 广州市乐善助学促进会：《乐助会助学简报》总第 100 期，2019 年 9 月。

用，成功举办了扶贫支教夏令营。第二，通过教师培训项目，提升贫困地区教育工作者的能力。例如广州市暨海慈善基金会举办“暨海·青冰计划”为省内以及江西、贵州、四川等省小学老师开展乡村教师培训项目，为乡村教师募捐培训教材，助力乡村教师成长。

3. 结对帮扶：提供个性化成长支持

贫困学童需要的成长支持，并不仅限于学习环境和生活费用。通过在帮扶者与被帮扶者之间建立直接的对接渠道，结对帮扶，可以将资助关系拓宽为更立体化的成长支持。广州慈善组织探索结对帮扶形式在教育扶贫中运用，准确掌握贫困学生的真实需求，使得帮扶目标更准确、具体，形式灵活多样，社会资源更有效对接教育需求。例如，广州市仁信慈善基金会帮扶紫阳县城关镇贫困家庭儿童；广州市苗圃行动公益基金会的“送爱暖童心”活动，帮扶云南省鲁甸县高寒山区的贫困小学生。

（二）健康扶贫：区域、人群、个体等介入方式各有侧重

1. 改善医疗条件：设备援助与医护能力建设

广州慈善组织在健康扶贫工作中提供设备援助、技能提升支持等，帮助贫困地区改善服务设施，提高医疗水平。例如，广州市同心圆慈善促进会设立的“普爱同心专项基金”为贵州大方县捐赠医疗物资，支持贫困地区乡村医生技能提升、医疗设备改善、医疗机构建设等。广东省南山教育发展基金会通过广益联募平台发起筹款项目，积极开展医护人员的能力建设培训，并向新疆疏附县募集结核病感染防控医疗器械及设备等，以提升医疗水平、改善服务设施。

2. 开展疾病预防：贫困人口疾病预防、检查

广州慈善组织面向贫困人口开展义诊、免费体检等公益活动，参与到儿童健康、妇女健康、老人健康等健康项目之中。例如，广州市春芽公益基金会的“仁医惠民·爱在羊城”项目为特困老人开展体检活动，关爱老人健康；广州市婷美小屋公益基金会与中国儿童少年基金会、广东省妇女儿童基金会、肇庆市妇联合作，在肇庆市高要区面向女童发放“健康成长包”，关

爱贫困女童、留守女童健康。

3. 建立救助渠道：贫困人口重特大疾病专项基金

广州慈善组织也对患重特大疾病的贫困人口进行专门救助。例如，2017年广州市慈善会与广东省第二人民医院联合发起成立广州市慈善会“省二医公益慈善基金”，资助在省二医住院治疗的重疾困难个人及家庭。[①] 此外，与广州医科大学附属第三医院联合成立“贫困重症孕产妇及重症新生儿救治基金”，用于救治贫困重症孕产妇及重症新生儿。[②] 广州市伟博儿童福利基金会与南部战区总医院2019年开展了“大爱救心”项目合作，联合救助贫困家庭先天性心脏病患儿。

（三）志愿扶贫：公众参与、专业贡献各有所长

1. 提倡志愿文化，开展爱心活动

广州慈善组织支持贫困地区培育、发展志愿服务组织，支持志愿服务组织到贫困地区开展扶贫志愿服务。例如，广州市乐善助学促进会动员佛山、四会、肇庆、信宜等地志愿者参与信宜的助学访查活动，确认资助对象。广州市婷美小屋公益基金会和广东公益恤孤助学促进会联合组织的46名志愿者赴化州开展探访贫困学生的志愿活动，关心、支持贫困学生的成长。

2. 动员专业力量，提供深度服务

广州社会组织中的社会工作机构为贫困人口提供了心理疏导、社会支持、能力提升等基于服务对象需求的多元化专业服务。社会工作参与反贫困是行之有效的国际经验。挖掘居民深度需求、加速新技术的推广、促进社区凝聚力的形成，都有社会工作的用武之地。社会工作者通过发掘当地社会资源、组织相关活动、提供社会服务，可以改变困难群体、脆弱群体被边缘化

---

① 《慈善募捐：省二医公益慈善基金》，广益联募网，https：//www. gyufc. org/home/project/detail/id/443. html。

② 《慈善募捐：柔济基金》，广益联募网，https：//www. gyufc. org/home/project/detail/id/583. html。

的状态，提升他们的生活质量。[①] 诸多社工机构通过实施广州市社会组织公益创投项目，参与到扶贫攻坚工作之中，在城乡互助、助老助贫、社会支持、儿童援助等方面提供专业服务。

3. 拓宽资源平台，进行精准帮扶

广州慈善组织通过建立平台、发布项目、扩大宣传，拓展了公益救助资源。例如，广州市慈善会的“微心愿·善暖万家”项目为广州市的老人、儿童、残疾、病患等困难家庭开展以“微心愿（价值300元至500元日常用品）”的满足为目标的关爱活动，基于贫困人士的需求，广泛筹集社会资源，并在元旦、春节等传统节日期间通过慰问的形式将物品发放给贫困人士。

（四）其他扶贫：基于需求的多元化项目设计

1. 运用先进发展理念，助力乡村振兴

贫困地区的发展观念制约着经济与社会发展，影响到脱贫攻坚的持续性。广州社会组织参与贫困地区乡村振兴，通过保护和修复生态参与乡村建设，实现脱贫目标。例如，广州市天河区启智社会工作服务中心助力云南乡村振兴，开展了完善基础建设、修复乡村文化、创建清洁乡村、规划乡村产业等援助工作。广州市海珠区慈善会项目支持梅州地区相对贫困村生态宜居乡村建设与人居环境整治，助力乡村振兴。

2. 孵化本地社会组织，形成长效机制

巩固脱贫攻坚的成果，需依赖于贫困地区政府部门、社会组织自身能力的提升。广州慈善组织发挥资源优势、平台优势与人才优势，开展能力建设与“社会组织孵化”工作，培育本地参与力量，形成巩固脱贫成果的长效机制。例如，广州市苗圃行动公益基金会的儿童之家资助云南省昭通市永善县的永善苗圃公益服务中心运作费以及活动费，具体包括当地孤困儿童的衣食住行学等费用以及护理特殊孩童产生的人工费等费用。广州市慈善会对口帮扶黔南州毕节市开展了民政部门服务能力建设培训班。

---

① 王思斌：《社会工作之真善美》，北京大学出版社，2018，第255页。

三　广州慈善组织参与脱贫攻坚的发展经验

2016 年以来，广州市结合广东扶贫济困日活动推出“羊城慈善为民”行动系列，以《中华人民共和国慈善法》实施为契机，出台《广州市人民政府关于促进慈善事业健康发展的实施意见》，基本构建起一个以共享发展为理念，以扶贫济困为焦点，以服务为导向，以社会化运作为主要模式，凝聚多方社会力量共同参与的现代慈善事业新格局。[①] 从 2019 年广州慈善组织参与脱贫攻坚的实践看，呈现以下特点。

（一）运作机制：党建引领、慈善组织有序参与

首先，高度重视党建引领。2019 年广州市社会组织建立党组织 1366 个，管理党员 15043 名；制定《广州市社会组织党建工作指引》等制度，建立广州市社会组织党建工作指导团，开展党建工作“手拉手”专项行动，选派 1047 名专（兼）职党建指导员指导开展党的工作。[②] 其次，广州慈善组织与政府的合作关系良好。从广州脱贫攻坚实践看，慈善组织的优势与资源得到正视，慈善组织参与脱贫攻坚的作用与贡献被认可。最后，鉴于政府在财政投入与行政统筹上的优势，政府在多元行动主体参与的扶贫攻坚中扮演了主导性角色。政府通过政策制定、平台搭建，为慈善组织参与扶贫攻坚提供指引、保障与支持，使得多种资源进入扶贫领域。因为目标的一致性、功能的互补性，政府与慈善组织在扶贫中形成了良好的协作关系。

---

① 印锐、李国全：《秉承共享发展聚焦扶贫济困：广州市深入推进慈善事业改革发展》，《中国民政》2016 年第 21 期，第 17 页。

② 《广州市社会组织党委积极发挥党建引领作用深化“红苗工程”打造“双强共同体”》，广东省民政厅网，2020 年 2 月 26 日，http：//smzt. gd. gov. cn/mzzx/sxdt/content/post_ 2909062. html。

（二）枢纽组织：慈善会搭建市域慈善平台

首先，广州市慈善会发挥枢纽型组织作用，搭建了市域慈善平台。广州市慈善会贯彻落实广州市委、市政府部署，在广州市民政局指导下，培育多个平台，动员社会力量参与脱贫攻坚。[①] 广州市慈善会牵头发起了“我为广东扶贫攻坚献爱心”“一元捐”等具有平台性质的项目；参与发起和举办广州市“慈善为民月”，以及“公益慈善嘉年华”“福彩杯乐善骑活动”等具有广州特色的“慈善+运动”“商业与慈善融合”“社区慈善+”等具有平台意义的大型活动。以项目、活动的形式搭建了广州慈善平台，汇聚慈善资源。其次，慈善会通过专项基金平台建设，搭建爱心资源网络。广州市慈善会通过专项基金（比如企业冠名基金）的方式，动员社会参与，引导基金通过互联网平台运营，助力脱贫攻坚。最后，“互联网+慈善”平台建设，显著提升了公众参与。广州市慈善会借助“互联网+”思维，动员社会力量参与扶贫攻坚。早在2016年，广州市慈善会慈善信息平台就被民政部指定为全国首批慈善组织互联网公开募捐信息平台，2017年又升级为广益联募平台。从实践效果看，广益联募平台为广州社会组织募捐提供了有效的资源链接平台。

上述平台多属于市域一级平台，此种由广州市慈善会搭建市域级的慈善平台，为市内慈善组织提供了更多元的资源筹集的机会和平台，调动了市内慈善组织参与的积极性；同时整合了市内、市外甚至省外的多种资源，惠及了贫困群众。除了整合慈善资源外，还发挥平台优势，聚焦某一特定扶贫活动或项目，集聚资源。此外，广州市社会组织公益创投平台在助力脱贫攻坚中也发挥了重要的市域支持平台的作用。

（三）功能定位：“救助型”与“培力型”项目各有所长

贫困地区物资缺乏、困难群体经济困难是制约生活水平提升的最紧迫现

---

① 《广州市慈善会：搭建慈善平台，助力脱贫攻坚》，《中国社会组织》2019年第14期，第9页。

实。“救助型”项目通过物质救助直接提升受助对象的物质生活水平。广州慈善组织为贫困群众提供经济援助、物资支持；为学校捐赠书桌、床铺，捐建图书室，完善教学设备，援建教学楼、学生宿舍和食堂等；为医院捐赠医疗物资与医疗设备；为贫困群众提供免费体检，针对重特大疾病人群进行专项救助；等等。通过物质救助缓解贫困群众的困难，补充其基本生活所需物资，对其渡过难关具有重要的短期现实意义。

脱贫攻坚任务目标的完成要求扶贫举措必须回应更深层次的发展需求。广州慈善组织除了开展物资救助型扶贫外，还通过能力建设、在地社会组织与志愿组织培育、社工服务等形式，对扶贫对象进行培力，增进扶贫对象自身的能力。同时，推动贫困社区慈善组织发育，发挥群体内骨干作用，促进贫困群体系统内自主与互助机制的完善。此外，政府也通过行业培训、组织培育、公益创投等形式对广州慈善组织自身进行培力，提升其扶贫能力与效果。

（四）发展过程：由“广泛性”活动到“精准性”项目的成效提升

随着脱贫攻坚工作的深入，对受助地区工作实践经验的积累，广州慈善组织的扶贫参与体现了由“广泛性”活动向“精准性”项目的发展趋势。精准扶贫作为2014年提出的中国扶贫系统的新工作机制和工作目标，定位为通过对贫困户和贫困村精准识别、精准帮扶、精准管理和精准考核，引导各类扶贫资源优化配置，实现扶贫到村到户，逐步构建精准扶贫工作长效机制，为科学扶贫奠定坚实基础。在扶贫工作一线实践者眼中，精准扶贫的核心内容和理念通常被归纳为“扶真贫”和“真扶贫”。[①]

从广州慈善组织参与扶贫攻坚实践看，广州慈善组织参与脱贫攻坚正由“广泛性”的活动向“精准性”项目（包括专项基金）迈进，由广度的“活动覆盖”转向深度的“项目细耕”。具体表现为：过去慈善组织习惯于开展短期甚至是一次性的爱心探访、物资捐赠、义务支教、健康宣传与检查

① 左停、杨雨鑫、钟玲：《精准扶贫：技术靶向、理论解析和现实挑战》，《贵州社会科学》2015年第8期，第157页。

等活动，但随着精准扶贫时代的到来，慈善组织的工作越来越通过项目化走向“点对点”式的、基于扶贫对象需求与现实条件的“结对帮扶”和持续性的介入。

四　广州慈善组织参与减贫工作的建议

2015 年中央明确提出脱贫攻坚战的总体目标：“到 2020 年确保我国现行标准下农村贫困人口实现脱贫，贫困县全部摘帽，解决区域性整体贫困。”[①] 但这不意味着中国农村贫困的终结，由于地区发展不平衡以及贫困与贫困线动态性，相对贫困将会显现。因此，脱贫攻坚任务完成后，中国减贫工作将进入由消除绝对贫困转向缓解相对贫困的新阶段。[②] 解决相对贫困问题成为慈善组织参与扶贫的重要目标。

（一）深化党建引领机制

慈善组织应加强党建引领机制，进一步明确党建引领的实施思路，制订具体的行动计划，推进广州慈善组织党支部的规范化建设。提高慈善组织的政治站位，引导慈善组织党支部和党员发挥模范带头作用，引导与支持其他非党员工作者、志愿者投入扶贫工作之中，帮扶特困群体，切实解决困难群众的实际困难。同时，在党建引领下，慈善组织深度参与减贫工作中，与基层党组织、政府、企业、志愿者等共同成为减贫工作行动主体，推进扶贫工作与党建工作协同发展，以促进各扶贫主体更有效地协同工作、整合资源、形成合力；最终，使慈善组织的党建工作与扶贫工作相互补充、相互促进。

---

① 《中共中央国务院关于打赢脱贫攻坚战的决定》，人民网，2015 年 11 月 29 日，http://www.gov.cn/gongbao/content/2015/content_2978250.html。

② 黄承伟：《中国特色减贫道路论纲》，《求索》2020 年第 4 期，第 96 页。

（二）明确慈善组织的“协同角色”定位

困难群众陷入贫困处境具有结构与个体双重成因，二者相互交织、错综复杂。因此，扶贫工作的参与主体、方法必须多元。有学者提出多元协同精准扶贫的概念，认为它是一种理想的贫困治理模式，强调扶贫主体的多元化、身份的平等性和行动的协同性。[①] 就多元参与主体而言，应充分发挥政府、企业与社会多方的力量。从资源配置角度看，政府配置无疑是精准扶贫资源配置的主要方式，社会力量配置也有其自身的优越性，是精准扶贫资源配置的一种补充性吸纳机制。[②] 当今社会，慈善组织在动员社会力量参与方面呈现独特的优势，该优势能否有效发挥依赖于与其他参与主体特别是政府的合作。党和政府始终高度重视扶贫工作，新中国成立 70 多年来扶助贫困工作的探索经历了由救急到救穷、由简单到综合、由物质到精神、由粗放到精准的多个历史阶段，努力改进扶贫工作的方法，并取得了显著的成效，也积累了宝贵的经验。[③]

（三）建立社会工作常态化参与机制

作为制度化力量的社会工作专业力量逐步发展成为精准扶贫多元主体中重要的一员。民政部等部门出台了《关于支持社会工作专业力量参与脱贫攻坚的指导意见》和《关于在农村留守儿童关爱保护中发挥社会工作专业人才作用的指导意见》，成为社会工作专业力量参与脱贫攻坚的引领性文件。在多年的实践中，社会工作服务机构和社会工作者积累了一定的参与扶贫的实践经验，在参与扶贫的过程中逐步确立了社会工作参与扶贫的目标与角色定位，探索出了基于个体、组织、社区等层面的参与路径与方

① 何炜、刘俊生：《多元协同精准扶贫：理论分析、现实比照与路径探寻》，《西南民族大学学报》（人文社科版）2017 年第 6 期，第 122 ~ 128 页。

② 陈成文、王祖霖：《“碎片化”困境与社会力量扶贫的机制创新》，《中州学刊》2017 年第 4 期，第 81 ~ 82 页。

③ 李小尉：《新中国七十年扶贫工作的历史与经验》，《兰州学刊》2020 年第 5 期，第 33 ~ 46 页。

法，明确了在协助扶贫对象增强其主体性与社会资本方面的专业优势。尽管现实中社会工作的专业功能发挥还有局限，但整体而言，社会工作参与扶贫的能力逐步提升。

2020 年 2 月 23 日，习近平总书记在统筹推进新冠肺炎疫情防控和经济社会发展工作部署会议上强调，要打赢疫情防控这场人民战争，就要发挥社会工作的专业优势，支持广大社工、义工和志愿者开展心理疏导、情绪支持、保障支持等服务。① 可以肯定的是，各级党委政府对社会工作的认同度逐步提升。因此，应探索建立慈善组织中社会工作专业岗位开发与人才激励保障机制等系列措施，支持社会工作服务机构进行慈善组织认定，推进社会工作参与减贫工作机制的常态化。

（四）培育反贫困行动者的主体性

2020 年后中国减贫工作的主要内容是缓解相对贫困，根本目标是实现由“被动扶”到“主动兴”的转变，全面激发贫困社区的内生动力。② 广东在扶贫工作实践中提出，人民群众是扶贫开发的主体，扶贫公益事业加快发展的力量源泉蕴藏于人民群众之中。③ 促进贫困人口自身成为反贫困的行动主体，究竟如何实现？有学者认为扶贫工作者应把“贫困人口是反贫困行动主体”由简单的口号转化为工作中的价值观和理念，是实现“贫困群体的行动主体重构”的重要一步。④

（五）以市域社会治理现代化整合慈善组织扶贫

自党的十九届四中全会提出加快推进市域社会治理现代化的战略目标以来，广州积极推进市域社会治理现代化试点工作。新时代的慈善工作已经成

① 《习近平在统筹推进新冠肺炎疫情防控和经济社会发展工作部署会议上的讲话》，人民网习近平讲话数据库，2020 年 2 月 24 日，http：//jhsjk. people. cn/article/31600541。

② 黄承伟：《中国特色减贫道路论纲》，《求索》2020 年第 4 期，第 97 页。

③ 廖建军：《公益慈善参与扶贫：成效、问题和对策——以广东省为例》，《理论探索》2014 年第 3 期，第 100 页。

④ 高小贤：《关于反贫困的行动主体》，《贵州社会科学》2014 年第 10 期，第 10 页。

为市域社会治理的一部分。具体来说，可从以下几个方面着手：首先，提升服务对象的信息化管理水平。相对贫困具有临时性、突发性的特征，提升城市居民的信息化管理水平，有利于慈善组织迅速辨识、主动干预、及时跟进服务需求，避免问题积累对服务对象的生活质量带来长期影响。其次，提升服务的多样化响应能力。城市贫困具有多样化特征，关系到社会救助及社会保障体系、就业帮扶、公共医疗及住房体系、老年人福利等城市治理体系的综合发展。慈善组织既能主动作为、查漏补缺，在现有治理体系中努力提升居民生活水平；也可以收集服务需求、参政议政，推动现代治理体系的完善发展。再次，提升重点对象的脱贫攻坚服务成效。部分重点扶贫对象的长效改变，受到自身行为习惯和社会环境的双重制约。慈善组织在专业服务上具有优势，从个人端改变行为动机、建立良好习惯，从社会端构建友善环境、支持对象发展，从而实现重点对象的长期改变。最后，将慈善文化作为现代城市生活方式的一部分。慈善组织具有多样化的活动形式，可将脱贫攻坚的目标融入常规业务开展中，从关爱身边人、身边事开始，发展出对社区的参与和对城市建设的热情，建设人人有责、人人尽责、人人享有的社会治理共同体，真正将慈善组织参与扶贫实践整合于市域社会治理现代化建设之中，这也契合脱贫攻坚的最终目标。

B.7

2019年度广州市志愿服务发展报告

钟金秀　王忠平*

摘　要： 2019年是广州志愿服务快速发展的一年。本文从广州志愿服务与城市发展、志愿服务管理统筹机制、社会参与度、服务领域、志愿服务组织等方面对2019年广州志愿服务发展情况进行了回顾，分析了广州志愿服务面临的法制建设、资源互通、专业提升、创新发展等方面的挑战，探讨了广州志愿服务未来的发展方向。

关键词： 志愿服务　社会参与　广州市

2019年是中国志愿服务快速发展的一年，习近平总书记考察天津和平区新兴街朝阳里社区，走进社区志愿服务展馆，为社区志愿者点赞[①]，并为中国志愿服务联合会第二届会员代表大会致贺信，强调志愿服务是社会文明进步的重要标志[②]。党的十九届四中全会进一步提出要坚持以社会主义核心价值观引领文化建设制度，要推进新时代文明实践中心建设，健全志愿服务体系。在国家以及广东省相关政策的支持及指导下，2019年广州志愿服务在管理机制、制度建设、志愿服务组织、服务领域等方面均取得显著发展。

---

* 钟金秀，和众泽益志愿服务与社会创新研究院执行院长；王忠平，管理学博士，北京林业大学经济管理学院副教授。

① 《一项历史性工程——习近平总书记调研京津冀协同发展并主持召开座谈会纪实》，人民网习近平讲话数据库，2019年1月20日，http：//jhsjk. people. cn/article/30578445。

② 《习近平致信祝贺中国志愿服务联合会第二届会员代表大会召开》，新华网，2019年7月24日，http：//www. xinhuanet. com/politics/leaders/2019 - 07/24/c_ 1124792816. htm。

一 2019年广州志愿服务总体发展情况

（一）志愿服务与城市发展融合

广州作为国家中心城市和改革开放的前沿地，2019 年进一步将志愿服务与城市经济社会发展结合，与城市文化及文明融合。早在 2016 年《广州市国民经济和社会发展第十三个五年规划纲要（2016—2020 年）》中，广州市即将志愿服务作为发展社区治理、推动城市文化建设的重要部分，提出要推进志愿服务制度化，弘扬慈善文化，打造“广州志愿者服务”和慈善品牌，推进志愿服务组织社区化、网格化。[①] 2019 年 1 月，广州政府工作报告进一步明确需加快建设文化强市，并将志愿服务作为培育和践行社会主义核心价值观、传承弘扬岭南文化的重要方式，要求深化文明城市创建，发展志愿服务事业。[②] 同时要求营造共建共治共享社会治理格局，深化社会组织党建工作和“社工+”战略，推进社区、社会组织、社工“三社联动”建设。

2019 年 2 月，中共中央、国务院印发《粤港澳大湾区发展规划纲要》，对广州城市发展提出新定位，志愿服务成为粤港澳大湾区社会治理合作、人文交流的重要方式。[③] 纲要指出，广州作为粤港澳大湾区四大中心城市之一，需增强对周边区域发展的辐射带动作用，促进社会保障和社会治理合作，开展社会福利和慈善事业合作。纲要同时提出共建人文湾区，在大湾区为青年人提供创业、就业、实习和志愿工作等机会，推动青年人交往交流、交心交融。

---

① 《广州市人民政府关于印发广州市国民经济和社会发展第十三个五年规划纲要（2016—2020 年）的通知》，《广州市人民政府公报》2016 年第 10 期。

② 《2019 年广州市政府工作报告》，广州市人民政府门户网站，2019 年 1 月 15 日，http：//www. gz. gov. cn/zwgk/zjgb/zfgzbg/content/post_ 2840352. html。

③ 《中共中央　国务院印发〈粤港澳大湾区发展规划纲要〉》，中国政府网，2019 年 2 月 18 日，http：//www. gov. cn/zhengce/2019 -02/18/content_ 5366593. htm#1。

2019年10月，为贯彻习近平总书记视察广东重要讲话精神，中共广东省委全面深化改革委员会印发《广州市推动“四个出新出彩”行动方案的通知》。通知要求全力提升社会融合功能，构建基层党建引领社会治理体制创新工作格局，开展创新城乡社区治理改革试点，创新与港澳社会组织合作交流机制。深化全域文明创建，发展志愿服务，建设“志愿之城”，推进诚信建设制度化。志愿服务成为广州推动综合城市功能、文化综合实力出新出彩的一项重要内容。

（二）志愿服务制度化建设及管理机制变化

志愿服务制度化建设及管理规范化是党的十八大以来，尤其是《中华人民共和国慈善法》《志愿服务条例》出台后国家对志愿服务事业发展的新要求。2019年7月，习近平总书记为中国志愿服务联合会第二届会员代表大会致贺信，提出要为志愿服务搭建更多平台，给予更多支持，推进志愿服务制度化常态化。① 广州在志愿服务的制度化管理及机制建设探索一直走在全国前列，2019年也取得重大突破，出台《关于进一步加强广州志愿服务建设的实施方案》（以下简称《方案》）。《方案》要求加强组织领导，发挥党建引领作用，进一步理顺机制，擦亮“志愿之城”品牌。《方案》根据国务院《志愿服务条例》重新梳理了广州志愿服务的管理机制及各部门职责，明确由市文明委负责全市志愿服务工作的统筹规划、协调指导和督促检查，市文明办负责日常统筹指导协调工作，市民政局负责志愿服务行政管理，统筹推进社区志愿服务工作。团市委负责青年志愿服务，大型赛会、大型活动等集中统一志愿服务行动。《方案》还对广州现有志愿服务工作体系进行了优化调整，撤销广州市发展志愿服务事业指导委员会，并将其职能转至市文明委。原“广州市志愿者联合会”更名为“广州志愿服务联合会”，并将其管理部门由团市委转为市文明办。原“广州市义务工作者联合会”更名为

---

① 《习近平致信祝贺中国志愿服务联合会第二届会员代表大会召开》，新华网，2019年7月24日，http：//www.xinhuanet.com/politics/leaders/2019－07/24/c_ 1124792816.htm。

“广州市志愿者协会”。《方案》还明确需做好《广州市志愿服务条例》修订工作，打造具有广州特色的志愿服务制度体系。[①]

2019年6月17日，为推动城市文明，广州大力推动文明行为立法工作，制定《广州市文明行为促进条例》（以下简称《条例》）并向社会公众征求意见。《条例》在志愿服务经费、文化营造、服务点、保障、激励等方面均做出相应规定。如要求将文明行为促进工作纳入国民经济与社会发展规划，并列入财政预算。同时，提倡守望相助、互相关爱，鼓励为他人提供力所能及的帮助。鼓励和支持国家机关、企业事业单位和其他组织利用本单位场所和设施设立爱心服务点、公益阅读点。《条例》还明确要鼓励和支持参加志愿服务活动和依法设立各类志愿服务组织。与此同时，《条例》还规定了加强建立志愿服务保障和激励机制，维护志愿者和志愿服务组织的合法权益。[②]《条例》的拟定进一步明确了志愿服务在践行社会主义核心价值观、推动广州文明城市建设中的重要作用。

（三）志愿服务社会参与度稳步提升，服务领域不断拓展深化

在国家的大力支持及倡导下，2019年全国志愿服务参与人数再创新高。截至2019年12月31日，全国实名注册志愿者人数达1.4亿人，累计志愿服务时长达18.29亿小时。[③] 除了参与人数的增长，志愿服务覆盖的领域也进一步延展。2019年中共中央、国务院印发《新时代公民道德建设实施纲要》，将志愿服务纳入践行社会主义道德的重要途径，同时强调通过弘扬志愿精神推动新时代公民道德水平建设。中共中央宣传部、中央文明办则印发《关于新时代文明实践志愿服务机制建设的实施方案》，明确志愿者是主体力量、志愿服务是基本形式。通过志愿服务队伍、项目、机制打通服务群众

① 《广州将设公共文明引导员队伍，修订〈广州市志愿服务条例〉》，大洋网，2019年7月27日，https：//news. dayoo. com/guangzhou/201907/27/139995_ 52720051. htm。

② 《关于征求对〈广州市文明行为促进条例（草案）〉意见的公告》，广州人大立法网，2019年11月12日，http：//www. rd. gz. cn/lfzb/fgzqyj/zzzqyjdfgca/content/post_ 88946. html。

③ 参见全国志愿服务信息系统，https：//www. chinavolunteer. cn。

的“最后一公里”。国务院扶贫办则将志愿服务列为助力脱贫攻坚的重要力量，并于2019年首次公示“志愿者扶贫50佳案例”。

2019年广州志愿服务社会参与度、服务领域广泛度均取得良好成效。根据《2019年广州市国民经济和社会发展统计公报》统计数据，2019年末广州常住人口1530.59万人，广州志愿者注册率接近20%，即每五个人中就有一名注册志愿者。在活动数量上，截至2019年12月4日，广州累计开展志愿活动13.82万场，累计志愿服务时长超过5500万小时。与2018年相比，增加数量为28740个，每天约增长79个。[①] 在志愿者及志愿服务活动数量增长的同时，志愿服务的领域也在扩大。如2019年3月12日，市文明委、市河长制办公室、团市委等单位联合发布新时代文明实践“十项青年志愿服务”，服务内容覆盖乡村振兴、环保、儿童关爱、城市治理等多个领域。

（四）志愿服务组织、队伍数量及质量共同发展

志愿服务事业的发展，离不开志愿服务组织的发展。2019年党的十九届四中全会强调要健全志愿服务体系。全国志愿服务信息系统的数据显示，截至2019年12月31日，注册志愿团体68.92万个。广州志愿服务的发展基础给志愿服务组织和团队提供了良好的土壤，截至2019年12月，广州在“i志愿”上注册的组织和团体数量达12471个，居全省首位。[②]

广州志愿服务组织不仅在数量上领先，在队伍多元性上也表现突出。除了大量依托社会组织、社工服务机构发展而成的服务队，亦有大量社会力量及机关党员发起的服务队伍。在志愿服务队伍质量上，广州志愿服务组织的影响力不断增加。以母乳爱志愿服务队为例，2013年5月20日成立服务队，2015年1月注册为广州市海珠区母乳爱公益服务中心，是中国首个倡导母乳喂养及母乳捐赠救治、推动公共场所母婴室建设的组织。2019年，母乳爱公益服务中心走出国门，在11月14日南非德班召开的世界大都市协

---

① 《截至今年广州累计开展志愿活动13.82万场》，大洋网，2019年12月6日，https://news.dayoo.com/guangzhou/201912/06/139995_52958201.htm。

② 参见https://www.gdzyz.cn。

会全体大会上，其倡导推动的广州市公共场所母婴室建设成为“公共空间和人口问题挑战”主题的中国案例。[①] 同时母乳爱公益服务中心还推动地方立法，全国首部促进母乳喂养的地方性法规——《广州市母乳喂养促进条例》已于2020年3月1日施行。[②]

二　广州志愿服务发展面临的问题及挑战

（一）志愿服务法制化有待进一步完善

1999年，《广东省青年志愿服务条例》成为全国第一个地方性志愿者法规。2009年始，广州志愿服务逐步走向制度化，先后出台《广州市志愿服务条例》《广州市志愿服务时间管理办法》《广州市志愿服务激励指南》《广州市志愿者培训工作实施办法》等系列政策法规，明确了志愿者、志愿服务组织、志愿服务活动等与志愿服务相关的定义、范围及管理规范，制度化管理走在全国前列。[③] 2016年，《中华人民共和国慈善法》出台，标志着中国公益慈善走向法治时代。其中对“慈善服务”的概念做了首次界定。2017年国务院发布全国第一部志愿服务的专门性法规《志愿服务条例》，全面规定了志愿服务的基本原则、管理体制、权益保障、促进措施，标志着我国志愿服务事业进入新的法治化、制度化发展阶段。自国务院出台《志愿服务条例》后，天津、辽宁、浙江、河南等地迅即进行当地条例修订。广东、江西、安徽、山西、上海、海口等地也迅速启动修订。其中广东省于2019年9月完成《广东省志愿服务条例（修订草案）》并向公众征求意见。

广州市在2009年发布的《广州市志愿服务条例》在当时对推动广州志

① 《广州公共场所母婴室为世界带来中国案例》，大洋网，2019年12月9日，https://news.dayoo.com/guangzhou/201912/09/139995_52960796.htm。

② 《广州制定全国首部母乳喂养促进条例：母乳喂养立法促进》，新华网，2020年6月4日，http://www.xinhuanet.com/2020-06/04/c_1126071200.htm。

③ 吴冬华：《广州志愿服务组织制度化建设状况》，载于涂敏霞、陈建霖、沈杰主编《广州志愿服务组织发展报告（2018）》，社会科学文献出版社，2018，第150页。

愿服务发展提供了重要基础和保障。随着国家对志愿服务的重视，以及近十年志愿服务的飞速发展，对标国务院《志愿服务条例》，广州相关规定有一些出入。如关于志愿者的概念，国务院规定“志愿者，是指以自己的时间、知识、技能、体力等从事志愿服务的自然人”，而广州条例中志愿者“是指在志愿服务组织登记，不以获得报酬为目的，自愿帮助他人和服务社会的个人”，其中对在志愿服务组织登记的要求与国务院规定不匹配。

此外，关于志愿服务活动，国务院条例规定“志愿者可以参与志愿服务组织开展的志愿服务活动，也可以自行依法开展志愿服务活动”，而广州市的条例规定“志愿服务活动是指经志愿服务组织安排，志愿者自愿、无偿帮助他人和服务社会的活动”。关于志愿服务管理机制，国务院条例要求精神文明建设指导机构建立志愿服务工作协调机制，民政部门负责行政管理工作，广州条例则规定志愿服务工作指导机构由民政、发展和改革、财政、教育等有关单位组成，且工作指导机构办公室设在同级共青团组织。同时广州市的条例尚无关于境外志愿服务组织和志愿者于境内开展服务及境内志愿服务组织及志愿者于境外开展服务等相关规定。

（二）各方资源平台有待进一步互联互通

志愿服务涉及面大、统筹面广、多元参与性强，如何从市级层面全面协调是一大挑战。

一是线上管理平台。广州在全市资源统筹上面临部分平台重叠、资源无法互联互通的问题。如2014年广州发布全国首家公益社交平台“志愿时”，此平台由团市委管理指导。“志愿时”的初衷是用于亚运会志愿者的管理，后发展成为广州市志愿者的服务平台，以实现全市志愿者及志愿服务项目对接，线上志愿服务时间登记、统计及管理等。后“志愿时”数据并入“i志愿”。“i志愿”由团广东省委联合省文明办、省志愿者联合会等单位开发建设，并成为广东各市管理志愿者的重要平台。2019年广州公益“时间银行”APP上线，此平台由市民政局指导，广州市志愿者协会统筹。公益“时间银行”立足广州全市社工站，为志愿者、社会组织提供需求对接平台，并进行志愿服务时间记录、存储、兑换、捐赠等功能，以推动社区居民更便捷地参与社区志愿服务。两大平台对推动广州志愿服务供需对接、志愿时数记录及管理、志愿者保障及激励等均起到重要作用，但目前二者并不互通，数据无法对接，志愿者注册登记、志愿服务组织管理面临“多头管理”的挑战。

二是各部门协调及合作机制。2009 年《广州市志愿服务条例》规定志愿服务工作指导机构由民政、发展和改革、财政、教育、卫生、体育、劳动和社会保障、司法行政、环境保护等政府有关部门和总工会、共青团、妇女联合会、残疾人联合会以及其他依法成立的有关单位组成，且办公室设在共青团组织。同年广州市成立广州市志愿者联合会，由团市委主管，负责协调全市志愿服务资源、统筹整体发展。2002 年广州成立广州市义务工作者联合会（2019 年更名为广州市志愿者协会），旨在推动更多志愿者参与扶贫、济困、养老、助残等民生服务，并进一步整合广州志愿服务各方资源，培育、扶持各级各类社区志愿服务组织。二者在目标、功能及职责上有部分交叉。2019 年广州发布的《关于进一步加强广州志愿服务建设的实施方案》重新梳理了各部门职责，包括明确由市文明办统筹指导，团市委重点负责青年志愿服务，民政局负责志愿服务行政管理及社区志愿服务。然而各相关部门如何在新的管理机制下打通沟通渠道，发挥各自优势，最大化实现资源共享仍有待制定细化、明确的协作机制。

（三）志愿服务创新发展有待进一步突破

三十多年来，广州志愿服务的发展为全国做出重要表率及领先探索。如 1987 年广州开通的全国第一条志愿服务热线——中学生心声热线，为全国志愿服务提供了雏形。从 2011 年起，广州借鉴广交会的成功经验，在全国首创“志愿服务广州交流会”，为志愿服务项目、组织搭建综合交流平台，并于 2014 年起升级为全国性志愿者盛会。2014 年，广州志愿者学院于全国率先探索推出志愿服务岗位能力培训系列教材。2016 年，广州被中国志愿服务联合会列入“学雷锋志愿服务模范城”首批试点城市。2017 年，《中华人民共和国慈善法》施行一周年之际，广州率先全面启动“慈善之城”创建计划，开启慈善、社会工作、志愿服务事业全方位发展的新篇章。2019 年，中宣部、中央文明办启动深化拓展新时代文明实践中心建设试点工作，广州市从化区列为全国试点。在新的形势下，广州在过往志愿服务积累成果之上如何继续保持领先优势，如何在志愿服务项目、组织、阵地、文化营造上全面出新出彩，有待进一步探索和突破。

三　发展方向及建议

（一）将志愿服务与广州城市发展战略相结合

首先，广州需进一步加强志愿服务的战略发展，将志愿服务纳入社会建设战略的同时，布局志愿服务与经济（如通过志愿服务助力营商环境打造）、政治（如通过志愿服务宣传党的方针政策）、文化（通过志愿服务助力广州传统文化传承，促进现代文化繁荣）、生态文明领域（如通过志愿服务促进野生动物保护，绿色生活方式倡导）的发展结合，真正实现习近平总书记提出的“志愿者事业要同‘两个一百年’奋斗目标、同建设社会主义现代化国家同行”[①] 的愿景。

其次，加强志愿服务规划编制。2010 年以来，广州制定《关于进一步发展广州志愿服务事业的意见》《促进新型城市化发展建设广州“志愿之城”工作实施方案》等政策，指导广州志愿服务发展，取得了良好成效。《广州市国民经济和社会发展第十三个五年规划纲要（2016—2020 年）》提出“推进志愿服务制度化，弘扬慈善文化，打造‘广州志愿者’服务和慈善品牌”。2020 年是“十三五”规划的总结收官之年，也是“十四五”规

① 《一项历史性工程——习近平总书记调研京津冀协同发展并主持召开座谈会纪实》，人民网习近平讲话数据库，2019 年 1 月 20 日，http：//jhsjk. people. cn/article/30578445。

划的起航之年，将广州志愿服务纳入经济和社会发展“十四五”规划的同时，有必要编制专门的广州志愿服务发展规划（2021—2025），全面指导下一个五年广州志愿服务制度化、体系化、全方位发展。对志愿服务重要领域，还可另编制规划，如广州文化志愿服务发展规划（2021—2025）、广州社区志愿服务发展规划（2021—2025）等。

（二）完善广州志愿服务制度体系

第一，加快修订《广州市志愿服务条例》。立足广州，对标《中华人民共和国慈善法》《志愿服务条例》等进行修订。其中需重点修订和完善的内容包括志愿者、志愿服务组织、志愿服务活动概念及外延，志愿服务党建要求，志愿服务组织相关标志要求，志愿服务相关方的法律责任，境外志愿服务相关规定，等等。

第二，在修订《广州市志愿服务条例》的同时构建“条例—制度—办法”多维度、多层级的精细化志愿服务制度体系。重点细化志愿服务登记管理、项目运作、激励回馈等全方位的配套制度，如广州市志愿服务记录与证明出具办法、广州市志愿服务激励回馈制度、广州市志愿者培训制度、广州市志愿服务组织管理规范、广州市志愿服务阵地管理办法等。重点延展深化不同群体、不同领域的规范文件及制度，如广州市学生志愿服务管理办法、广州市应急志愿服务管理办法、广州市巾帼志愿者管理办法、广州市文化志愿服务管理办法等。

（三）优化全市志愿服务统筹协调机制

第一，促进志愿服务事业发展，需要进一步健全志愿服务工作协调机制，加强党对志愿服务的领导，坚定走中国特色志愿服务之路。因此，需要依照广州《关于进一步加强广州志愿服务建设的实施方案》，强化市文明委在全市志愿服务发展中统筹规划、协调指导、督促检查、经验推广的作用。加强市民政局在志愿服务中的行政管理功能，尤其是志愿服务组织登记备案管理、评估管理等。在民政局的协调下推动社区志愿服务工作，如社区志愿服务组织发展、志愿服务与社工机构协同发展等。进一步发挥团市委在青年志愿服务中的指导优势，将青年志愿服务与青年发展、社区发展、城市发展紧密结合。同时，协调不同部门参与到广州志愿服务中，发挥资源整合和高位统筹的制度优势。

第二，2018 年民政部印发《“互联网 + 社会组织（社会工作、志愿服务）”行动方案（2018—2020 年）》，要求依托“互联网 +”，促进社会组织、专业社会工作、志愿服务健康有序发展。① 广州在“互联网 +”领域率先试水，先后推出两大线上平台“志愿时”、公益“时间银行”，虽有效地实现广州志愿者、志愿服务组织、志愿服务项目的供需对接，但还需站在全市层面尽快实现两大平台的互联共通，形成合力。同时可发挥两大平台各自优势，进行差异化、精细化管理，如开通针对学生志愿者、企业员工志愿者、老年人志愿者等不同群体的专属网络通道。

（四）加强志愿服务发展评价体系建设

第一，广州在全国率先提出建设“志愿之城”“志愿之区”，但目前全国没有一套非常科学的志愿之城评估机制，广州可率先探索。如参考 World Giving Index（世界捐助指数）、中国慈善联合会“中国城市公益慈善指数”，中国志愿服务联合会《“学雷锋志愿服务模范城”试点工作方案》的指标要求以及其他志愿之城、慈善之城和公益之城的相关指标，制定广州“志愿之城”关键指标，可重点覆盖组织体系、社会参与、志愿组织、志愿项目、培训机制、保障机制、文化建设等核心指标。在“志愿之城”指标开发的基础上，形成各区的评估指标，打造具有广州特色的多级志愿服务发展评估体系，以指导、评价全市及各区志愿服务发展。

第二，建立志愿服务组织评估体系。2019 年广州市民政局、广州市社会组织管理局印发《广州市社会组织等级评估管理办法》，进一步规范

① 《民政部关于印发〈“互联网 + 社会组织（社会工作、志愿服务）”行动方案（2018—2020 年）〉的通知》，中华人民共和国民政部，2018 年 9 月 10 日，http：//mzzt. mca. gov. cn/article/zt_ 2018mzxxhgzhy/wjjd/mzb/201812/20181200013627. shtml。

广州社会组织等级评估管理，但尚无针对志愿服务组织的评估体系。在国家大力推动志愿服务及志愿服务组织发展的背景下，广州可率先建立志愿服务组织评估标准，引领志愿服务健康发展。如参照《关于支持和发展志愿服务组织的意见》建立广州志愿服务组织综合评价体系，将登记管理机关、资助方、服务对象和自评等多方评估有机结合，并适时引入第三方评估。重点对志愿服务组织基础条件、内部治理、工作绩效和社会评价等进行跟踪评估，评估情况可作为政府购买服务、社会资助的参考及依据。[①]

（五）充分与新时代文明实践结合

第一，通过新时代文明实践搭建三级体系，共享服务阵地。扎实推进新时代文明实践中心试点建设工作，总结推广从化区全国试点经验。通过新时代文明实践，完善区、街、社区“中心－所－站”三级体系，助力志愿服务全覆盖、精准化、常态化。同时通过新时代文明实践盘活资源，共享阵地。协调全市学校、校外活动场所、活动中心、楼宇、博物馆、文化馆、体育场馆、健身广场等新时代文明实践基地，打造类型丰富、种类齐全、功能齐备的志愿服务阵地。

第二，借助新时代文明实践政策机遇，孵化和培育更多志愿服务组织。《关于建设新时代文明实践中心试点工作的指导意见》强调新时代文明实践的主体力量是志愿者，主要活动方式是志愿服务。在政策的支持下，组织和引导更多志愿者组建区、街、社区不同级别的志愿服务队伍。依照文件精神，重点发展党政机关、国有企事业单位，尤其是涉农、宣传、教育、文化等部门，并引导其定期开展新时代文明实践志愿服务活动。重点鼓励乡土文化人才、科技能人、律师、先进人物、企业家、大学生、创业返乡人员等组建新时代文明实践专业队伍，扩大志愿服务广度、深度、参与度。

① 邱服兵、涂敏霞：《志愿服务项目评估理论与方法》，广东人民出版社，2017，第23页。

（六）扩大志愿服务国际交流及对外合作

第一，进一步加强粤港澳大湾区合作交流。依照《粤港澳大湾区发展规划纲要》，每年定期举办粤港澳大湾区志愿服务高峰论坛，每年定期发布粤港澳大湾区志愿服务发展报告。还可结合区域重点关注的民生问题，做区域性专项研究，如粤港澳大湾区青年志愿服务、企业志愿服务、社区志愿服务研究等。

第二，进一步加强“一带一路”沿线国家及全球化合作交流。结合广州“活力全球城市”新定位，加强广州现有品牌海外志愿服务项目——援助塞舌尔志愿服务的全面宣传，加深市民对国际志愿服务的认知。同时在原有基础上做海外志愿服务的延展，如：服务内容的延展，从原来的医疗卫生、文化交流、技术支持等延展到生态保护、应急救援、社区发展等；服务深度的延展，从原有的基础型加强对技能型，尤其是专业志愿服务的延展；服务范围的延伸，从以塞舌尔为主，扩展至“一带一路”沿线国家。

B.8

广州企业慈善模式与发展趋势观察报告

——基于《粤港澳大湾区企业社会影响力榜（广州）》及《广州慈善榜》的分析报告

刘艺非 *

摘　要： 本报告基于2019年度《粤港澳大湾区企业社会影响力榜（广州）》和《广州慈善榜》发布的数据，对企业慈善捐赠的趋势和特点进行了分析。研究认为，企业的综合社会影响力和企业的慈善贡献水平具有密切的关系，社会影响力强的企业在公益慈善领域表现活跃。

关键词： 企业慈善　社会影响力　广州慈善榜

一　《粤港澳大湾区企业社会影响力榜（广州）》简介

2019年12月，广州日报数据和数字化研究院（GDI智库）对外发布了《粤港澳大湾区企业社会影响力榜（广州）》（下文简称《影响力榜》）。根据榜单的介绍，榜单通过大数据等技术，对粤港澳大湾区企业的社会影响力进行客观描述，分析大湾区各城市企业社会影响力的特征，并结合广州实际情况研制所得。榜单设立企业慈善指数、企业规模指数、品牌影响指数和企业创新指数四个评价指标。企业慈善指数主要通过《广州慈善榜（2019）》

* 刘艺非，广州时代数据服务有限公司数据工程师。

统计的企业捐赠金额衡量。企业规模指数是指目前在企业工作的员工数量。品牌影响指数包括企业的美誉度、曝光度，美誉度主要反映中央、省市、网络媒体等对企业的正面报道，曝光度主要体现国内媒体对企业的曝光程度。企业创新指数是指企业拥有的授权专利数量。[①]

在企业慈善影响力方面，榜单显示企业慈善指数排名第一的是时代中国控股有限公司，指数为100.00；第二是广州汽车集团，指数为98.69；第三是广东圣丰集团有限公司，指数为97.29。企业慈善指数前10的企业中有4家企业属于房地产行业，企业慈善指数平均为96.14，租赁和商务服务业共有3家，平均指数为94.33，汽车行业、制造业、建筑业各1家。[②]

二 《广州慈善捐赠榜》简介

《影响力榜》旨在从多维度综合评估广州企业的社会影响力。《影响力榜》的慈善指数主要使用了《广州慈善捐赠榜（2019）》（下文简称《慈善榜》）的相关信息。《慈善榜》由广州市民政局、广州市慈善服务中心指导，广州市慈善会、广州市公益慈善联合会根据《广州市深化“羊城慈善为民”行动创建“慈善之城”2019年工作方案》的工作安排，于2019年9月20日启动征集评选。[③]

在2019年度广州慈善捐赠榜中，星河湾集团有限公司位居榜首，捐赠总金额达到2.13亿元；第二位为广州长隆集团有限公司，捐赠总金额达到1.00亿元；第三位为广州越秀集团股份有限公司，捐赠总金额为8946.60万元（见表1）。

---

① 《粤港澳大湾区企业社会影响力榜（广州）》，搜狐网，2019年12月26日，https://www.sohu.com/a/362923242_503456。

② 《粤港澳大湾区企业社会影响力榜（广州）》，搜狐网，2019年12月26日，https://www.sohu.com/a/362923242_503456。

③ 广州市慈善会：《关于2019年度广州慈善榜榜单的公示》，2019年12月16日，http://www.gzcf.org/WebSite/ShowNews/483/599。

表 1　2019 年度广州慈善捐赠榜前 10 位

单位：万元

排名	公司名称	捐赠总金额
1	星河湾集团有限公司	21258.24
2	广州长隆集团有限公司	10000.00
3	广州越秀集团股份有限公司	8946.60
4	时代中国控股有限公司	5075.03
5	广东圣丰集团有限公司	3741.10
6	广发证券股份有限公司	2945.88
7	唯品会(中国)有限公司	2688.85
8	广州汽车集团股份有限公司	2019.51
9	广州市从化珠江房地产开发有限公司	1964.54
10	雪松控股集团有限公司	1940.00

资料来源：《2019 年广州慈善捐赠榜》，http：//www.gzcf.org/WebSite/ShowNews/483/599。

2019 年度广州慈善捐赠榜上榜单位 335 家，捐赠金额合计达到 9.30 亿元。捐赠金额 1000 万元以上的“五星级”慈善捐赠单位共 17 家，占比 5.07%；捐赠 500 万元以上 1000 万元以下的“四星级”慈善捐赠单位共 8 家，占比 2.39%；捐赠 100 万元以上 500 万元以下的“三星级”慈善捐赠单位共 51 家，占比 15.22%（见表 2）。与 2018 年的《慈善榜》相比，二星级、三星级及五星级单位比例均有所上升。此外，从入榜单位的捐赠额总和与捐赠额均值来看，2019 年入榜单位的捐赠水平与 2018 年相比均有明显的提升，其中捐赠额总和升幅达到 69.70%，捐赠额均值升幅达到 75.78%。

表 2　2018 年、2019 年广州慈善捐赠榜不同星级单位比较

星级	2018 年				2019 年			
	单位数量（个）	比例（%）	捐赠额总和（万元）	捐赠额均值（万元）	单位数量（个）	比例（%）	捐赠额总和（万元）	捐赠额均值（万元）
五星级	14	4.03	31665.69	2261.84	17	5.07	71247.96	4191.06
四星级	12	3.46	7836.20	653.02	8	2.39	5193.51	649.19
三星级	45	12.97	8867.04	197.05	51	15.22	9697.47	190.15
二星级	33	9.51	2026.57	61.41	44	13.13	2876.27	65.37
一星级	243	70.03	4405.73	18.13	215	64.18	3984.44	18.53
合　计	347	100.00	54801.23	157.93	335	100.00	92999.64	277.61

注：笔者根据 2018 年、2019 年《广州慈善捐赠榜》统计整理得到。

慈善捐赠榜包含企业和非企业两类单位，若只比较企业类单位两年的捐赠情况，结果同样显示，2019 年企业单位在高星级层次占比、捐赠额总和以及捐赠额均值上与 2018 年相比均有明显提升，其中捐赠额总和升幅达到 81.09%，捐赠额均值升幅达到 96.13%（见表 3）。

表 3　2018 年、2019 年《慈善榜》单位榜单不同星级企业比较

星级	2018 年				2019 年			
	单位数量（个）	比例（%）	捐赠额总和（万元）	捐赠额均值（万元）	单位数量（个）	比例（%）	捐赠额总和（万元）	捐赠额均值（万元）
五星级	13	4.53	29968.69	2305.28	17	6.42	71247.96	4191.06
四星级	9	3.14	5658.99	628.78	6	2.26	4063.54	677.26
三星级	42	14.63	8303.34	197.70	42	15.85	8202.28	195.29
二星级	24	8.36	1463.63	60.98	33	12.45	2194.04	66.49
一星级	199	69.34	3579.63	17.99	167	63.02	2980.46	17.85
合计	287	100.00	48974.29	170.64	265	100.00	88688.29	334.67

注：笔者根据 2018 年、2019 年《广州慈善捐赠榜》统计整理得到。

三　《影响力榜》与《慈善榜》共同企业分析

通过对两个榜单的数据匹配，可以发现《影响力榜》上有 65 家企业同时出现在 2019 年的《慈善榜》中。① 65 家企业捐赠总额为 51500.86 万元，占《慈善榜》335 家单位捐赠总额的 55.38%。在这 65 家企业中，制造业、租赁和商务服务业企业均有 12 家，房地产业企业有 11 家。65 家企业分属 15 个行业，平均捐赠额度最高的为房地产业企业，为 2700.76 万元，其次为建筑业企业，平均捐赠额度为 1910.80 万元，租赁和商务服务业、汽车行业、金融业企业的平均捐赠额度均高于 500 万元。批发和零售业、科学研究和技术服务业企业的平均捐赠额度在 100 万元以下（见表 4）。在星级方面，

① 部分企业名称在不同榜单中略有差异，经笔者人工修正后进行匹配。

65家企业中五星级企业有10家，四星级企业有3家，三星级企业有28家，二星级企业有8家，一星级企业有16家。

表4 《影响力榜》与《慈善榜》共同上榜企业捐赠情况

行业	数量	最小值（万元）	均值（万元）	最大值（万元）
租赁和商务服务业	12	25.00	733.71	3741.10
制造业	12	10.00	233.03	1077.21
房地产业	11	15.00	2700.76	21258.24
汽车行业	4	20.00	641.13	2019.51
批发和零售业	4	13.00	90.46	200.00
科学研究和技术服务业	4	18.09	34.81	60.20
金融业	3	210.00	605.74	1312.56
交通运输、仓储和邮政业	3	108.35	222.12	309.00
生物医药业	3	80.00	179.34	368.02
电力、热力、燃气及水生产和供应业	2	133.00	369.12	605.25
文化、体育和娱乐业	2	328.90	329.45	330.00
信息传输、软件和信息技术服务业	2	100.00	100.00	100.01
建筑业	1	1910.80	1910.80	1910.80
水利、环境和公共设施管理业	1	379.44	379.44	379.44
住宿和餐饮业	1	217.00	217.00	217.00

注：笔者根据《影响力榜》与2019年《广州慈善捐赠榜》统计整理得到。

通过以上数据可以看出，企业的综合社会影响力和企业的慈善贡献水平具有密切的关系：社会影响力强的企业，往往在公益慈善领域表现活跃；在公益慈善领域贡献卓越的企业，也更能赢得广泛的社会影响力。

四 广州企业公益慈善项目实践案例

本文将重点选取在两个榜单中均有出现的典型企业，以这些企业在其官方网站发布的新闻、年度社会责任报告以及相关媒体的报道作为来源，对其中较有特色的企业公益实践案例作简要介绍，以更切实可感地展现广州企业慈善参与的模式与特点。

（一）雪松集团职业教育扶贫

雪松集团创立于1997年，全球总部位于广州，是广州本土成长起来的世界500强企业、中国大宗商品领军企业，以2851亿元营收位列2020年《财富》世界500强第296位。[①] 企业自创立以来积极践行社会责任、投身社会公益事业，成立雪松公益基金会，提出“微公益、直接慈善、尊重受助者尊严”三大公益主张，持续开展扶贫济困、捐赠助学等公益行动。雪松公益基金会以“可持续的绿色未来”为核心主题，不断建构与企业发展相匹配的CSR[②]体系，在精准扶贫、“一带一路”建设、军民融合、绿色供应链、文化保育、社区关爱、教育等领域不断发力。[③]

自中共中央、国务院于2015年出台《关于打赢脱贫攻坚战的决定》以来，众多企业在社会责任实践中都紧随国家扶贫减贫的总体路线。在全国脱贫攻坚战最后的冲刺阶段，雪松集团按照中央解决“两不愁三保障”突出问题的指导精神，在广东省和广州市的统一部署和指导下，加大力度推进东西部扶贫协作工作，以广州对口帮扶的贵州毕节为重心，以“扶志扶智”为思路，通过无偿捐建教育基础设施和开展各类教育扶持项目，积极开展教育扶贫工作，助力当地打赢脱贫攻坚战。为进一步提升贵州省毕节地区的职业教育水平，推动人力资源结构升级，雪松集团的主要措施如下。

第一，合作办学。雪松集团与毕节当地多所高校签订合作办学协议，围绕急需紧缺工种开设物业管理、化学工程与技术等19个“雪松班”，共计招收700余名学生，其中贫困生约占一半。[④]

第二，资金补助。雪松集团专门为“雪松班”设立奖助学金，连续投

---

① 参见雪松控股官网，https：//www. cedarhd. com/about. aspx。

② CSR（Corporate Social Responsibility）是企业社会责任的简称，指企业在创造利润、对股东负责的同时，还应承担对劳动者、消费者、社区和环境的责任。

③ 雪松控股：《向光而生——雪松可持续发展报告（2018－2019）》，https：//www. cedarhd. com/upload/file/2019－11－27/bcb2a860－899a－4cb6－8b83－74951a7c450e. pdf。

④ 参见雪松控股官网，《在毕节高校开设“雪松班”》，https：//www. cedarhd. com/duty_d. aspx？&nid＝341。

入三年，鼓励优秀学生脱颖而出。此外，集团为毕节职业技术学院等院校设立了“珠江职教奖学金”“名师优课奖教金”“雪松班学生实习补助”“雪松物管班学生生活补助”等奖助学项目，覆盖当地高校几百名优秀师生。①

第三，人力资源基地建立。雪松集团捐资建设“毕节·广州人力资源开发基地”，着力推动人力资源开发。该基地项目已完成建设并已试运营，未来可同时满足3000人职业技能实训需要，开展3大类28个技能工种培训和鉴定。基地还将与当地产业发展深度融合，打造以旅游服务、汽车工程、信息技术服务为主的开放性实训基地，提供实习实训、创业创新、技能鉴定一体化服务，为毕节持续培养适用型技能人才。②

（二）立白集团“HOME +”公益 APP

随着公众对健康生活的追求越来越热切，将“运动”与“公益”相结合的创新性实践项目近年日益增多，与此相关的一个发展趋势是，人们在进行体育运动的过程中，喜欢借助于各类移动 APP 进行个人运动信息数据管理，记录步数、时间、热量等，这成为当今社会的一种时尚。立白集团的“HOME +”公益 APP，是将上述“运动”“移动 APP”“数据管理”“公益”等元素相结合的一个范例。

2015 年 8 月，立白集团正式启动公益项目“立白健康幸福工程”，以关注中国贫困地区留守儿童心理健康为核心，发动大众力量共同为留守儿童营造更完善的心理成长环境。同年 11 月，“立白健康幸福工程”举办“一步一爱立白爱心公益跑”活动并发布“HOME +”公益 APP，旨在打破传统的捐款、捐物模式。③

“HOME +” APP 是“立白健康幸福工程”的核心平台，鼓励用户以管

① 参见雪松控股官网，《在毕节高校开设“雪松班”》，https：//www. cedarhd. com/duty_ d. aspx？ &nid =341。

② 参见雪松控股官网，《捐建毕职院实训基地》，https：//www. cedarhd. com/duty_ d. aspx？ &nid =35。

③ 参见立白集团官网，《公益事业》，http：//www. liby. com. cn/gysy. html。

理自身健康的方式实现公益目的。和目前已有的一些主流健康管理 APP 的使用模式类似，该 APP 保留了跑步 APP 的功能，用户可以记录每天的步数掌握自己的运动量，还可以通过其饮食管理功能记录每天摄入的卡路里，并获得相应训练计划。在运动信息管理的基础上，该 APP 还增加了公益捐赠的功能，用户可定期将爱心积分通过“HOME +”转化为立白健康幸福书包，捐赠给贫困地区的留守儿童。用户也可以根据当时的捐赠项目，决定捐赠给哪个地区并能够通过 APP 实现捐赠情况的实时追踪。该 APP 与现有的其他公益 APP 最大的区别，在于首次开创组队公益的概念。在“HOME +”APP 上，用户可以分享邀请码，邀请好友加入自己的战队，共同积攒爱心，形成不断壮大的公益跑步队伍，使公众的力量最大化。①

从立白集团“HOME +”公益 APP 的实践中可以看到，企业公益正在不断地适应和吸纳当今社会的时尚潮流趋势，开发设计出更符合广大移动互联网用户行为偏好的公益实践模式。

（三）广汽集团务工人员春运直通车

广州是全国劳动力输入规模最大的城市之一，历来是全国春运的“流量担当”，以 2019 年春运为例，根据交通运输部公布的数据，广州地区到发旅客约 5095.1 万人次，同比增长 1.9%，其中，发送旅客约 2950.3 万人次，到达旅客约 2144.8 万人次（不含公路到达）。② 每年春运，是否能使千千万万为广州做出贡献的来穗务工人员顺利踏上归家之路，成为这个城市的“责任担当”。

广州汽车集团股份有限公司成立于 2005 年 6 月 28 日，前身为广州汽车集团有限公司，总部位于广州市天河区珠江新城，目前拥有员工约 9.4 万

---

① 《Home + 公益助跑 APP　引领社交公益时尚潮流》，凤凰网安徽，2016 年 8 月 23 日，http：//ah.ifeng.com/a/20160823/4898006_0.shtml。

② 《2019 广州春运顺利收官！广州地区预计到发旅客 5095 万人次》，中华人民共和国交通运输部，2019 年 3 月 2 日，http：//www.mot.gov.cn/zhuanti/2019chunyun_ZT/gedidongtai/201903/t20190304_3171464.html。

人，是国内首家实现 A+H 股整体上市的大型国有控股股份制汽车集团。自 2013 年以来，广汽集团连续 7 年入围《财富》世界 500 强，2019 年位列世界 500 强企业第 189 名，中国企业 500 强第 48 名。[①] 作为汽车行业的领军者，广汽集团充分发挥自身优势，在春运时期为来穗务工人员、求学青年提供直通车服务。通过春运直通车服务，回馈为广州城市发展和文明进步做出重要贡献的来穗务工人员和求学青年，为保持广州这个城市的"责任担当"尽献力量。

"花城有爱·冬日暖阳"春运直通车自 2014 年启动以来，已累计发出 14 列"共青团号"爱心专列、93 辆爱心大巴，送近 2 万名来穗务工人员、求学青年免费返乡过年。[②] 以 2020 年为例，春运直通车共发出 13 辆爱心大巴，分别开往茂名、电白、湛江、汕头、梅州等粤东西北城市以及郴州、赣州、于都、梧州、南宁、柳州、河池等省外周边热门返乡城市，送 640 名来穗务工人员、在穗求学青年回家过年。

尽管将活动的车辆数和接载务工人员数放在历年的春运中显得有点"微不足道"，但企业在关乎人民大众需求痛点方面能够有所行动，其背后的社会责任感以及对同类企业的辐射作用是更具价值的。

（四）广州地铁集团公益广告

广州地铁集团有限公司是广州市政府全资大型国有企业，负责广州城市轨道交通系统的工程建设、运营管理和附属资源开发经营。公司以"服务社会、造福人民"为宗旨，全面贯彻广州建设国际大都市、国家中心城市的战略部署，全力以赴"建设好、运营好、经营好地铁，服务好城市，带动好产业"。[③]

运营里程长、客流量大、乘客驻留时间长、传播资源充足是地铁营运的

① 参见广汽集团官网，https：//www. gac. com. cn/gw/gywm/gsjs/gsgk/index. shtml。

② 郑皓月：《2020"花城有爱冬日暖阳"春运直通车爱心大巴启程》，央广网，2020 年 1 月 19 日，http：//m. cnr. cn/news/20200119/t20200119_ 524943321. html。

③ 参见广州地铁官网，http：//www. gzmtr. com/ygwm/gsgk/gsjs。

突出特点，立足于这样的优势，大规模的公益广告投放，是广州地铁践行公益理念，每天在悄无声息之间影响着无数出行市民的一项重要举措，起着“润物细无声”的作用。

根据广州地铁2019年的社会责任报告数据，2019年广州地铁借助地铁电视、广告灯箱、工地围墙等开展核心价值观、讲文明树新风、文明旅游、未成年人保护等32类公益宣传，全年投放公益广告折合价值约1亿元，全年发布主题宣传广告灯箱4300多个，公益广告占比超过30%，在2.5万块地铁电视终端每天播放各类主题公益广告300余条次。此外，在2019年4月29日，为响应国家对社会各界扩大贫困地区产品和服务消费的号召，广州地铁在全线推出唯爱助农“消费扶贫，你我同行”公益广告，活动期间广州地铁21600个视频端集中展播、30块地铁灯箱广告进驻广州各大枢纽站点，把来自清远、梅州、揭阳、河源、茂名、肇庆等地贫困户生产的优质农特产品带入人们的视野，并通过嵌入二维码的形式为广大市民提供购买渠道，有效助力脱贫攻坚战获得进一步胜利。①

（五）君杰集团敬老助老公益项目

君杰集团前身为长江企业集团，2018年进行全面重组，君杰集团由此诞生。君杰集团开拓了全国知名的广州中大纺织商圈、沙河服装商圈、流花站西服钟表商圈及其他众多种类商圈。集团涉及轻纱面料、辅料、服装、钟表、皮具、鞋材、药材、农贸等10多个领域，被誉为“中国最专业的现代展贸业整合运营商”。君杰集团以“社会效益第一，经济效益第二”和“创造财富、回报社会”为宗旨，形成人人关心慈善、人人支持慈善的良好氛围。

君杰集团的公益实践整体而言具有较强的本土特色，范围主要集中于广东省和广州市，致力于本地社区的建设。除了在广东省内有着非常活跃的扶

---

① 参见广州地铁官网，http：//www.gzmtr.com/ygwm/gsgk/shzr/202007/P020200709643866334242.pdf。

贫济困慈善捐赠行动以外，君杰集团在本地敬老助老领域的公益慈善项目尤为突出，在实践形式上，既有资金上的捐赠，也有生活设施、居住环境方面的帮扶，为广州市老年人群体做出了大量实质性的贡献。

在与老年群体相关的生活设施资助方面，2014 年，君杰集团在第二届广州慈善项目推介会上向海珠区老人公寓捐赠 2000 万元，用于支持老人公寓工程建设，为海珠区“三无”、孤寡、失独、残疾等困难老年人提供基本养老服务，支持社会养老服务体系的建设。自 2013 年起至 2017 年，为解决独居、孤寡、空巢长者就餐问题，君杰集团资助广州市海珠区江南中长者饭馆——“春晖膳房”，共计捐赠 125 万元，并将继续进行未来 5 年的捐赠合同签订工作。2017 年，君杰集团向海珠区福利院捐资人民币 40 万元，用于海珠区福利院空中花园绿化工程的建设，并更换了老人房间 24 台变频冷暖空调设备，改善长者们的生活环境。

在面向老年群体的资金支持方面，自 2005 年起，君杰集团每年向官洲村捐赠 20 万元老人基金；2016 年为番禺石壁村一、三、四村捐赠 30 万困难老人慰问金。[①]

（六）佳都科技“A. I. 助力，让爱回家”

佳都科技创立于 1992 年，总部位于广州，在全国 30 多个区域设有分公司或办事处，为全球提供人脸识别、视频结构化、知识图谱、大数据技术与服务。佳都科技拥有国际一流的科学家研发团队，设立了多个研究院、实验室和技术中心，截至 2020 年 3 月 1 日，公司累计获得国家发明专利、软件著作权超过 800 项，获评“国家知识产权优势企业”。[②]

随着近年人工智能的热潮在全球范围内掀起，大量科技企业紧随时代趋势，把握技术红利，期望借助相关技术获取丰厚的经济回报。不过，对于如何将人工智能应用于公益慈善领域的实践并不多见，特别是本土企业。作为

---

① 参见君杰集团官网，http：//www. junjiegroups. com/businessprofile/index. aspx。

② 参见佳都科技官网，https：//www. pcitech. com/company/23. html。

一家以大数据和人工智能技术见长的科技企业，佳都科技的公益产品——“A. I. 回佳”寻亲平台生动地阐释了将科技和公益有机结合所产生的巨大能量，而产品受众的定位也极具针对性，主要着眼于有失踪成员的家庭，这使得原本冰冷的技术具有了温度。

2019 年 6 月，在广州市民政局的指导下，佳都科技携手羊城晚报社、广州市慈善会、宝贝回家寻子网，在广州佳都智慧大厦共同举办“A. I. 助力，让爱回家”人工智能 + 慈善战略合作发布会，创建运用人工智能技术的寻亲平台“A. I. 回佳”。[①] “A. I. 回佳”平台借助人工智能人脸识别技术和全民随手拍的人脸库进行技术比对，帮助有成员失踪的家庭寻找失踪亲人。截至 2019 年 12 月，佳都科技利用 A. I. 回佳网的人脸模拟成长算法，已成功寻回三个失踪人员，圆了三个家庭渴望亲人团聚的梦。[②]

在强大的技术支撑之余，佳都科技亦对参与者提供了有力的资金激励。目前，只要提供有效线索信息给 A. I. 回佳网、宝贝回家寻子网、羊城派等平台，一旦确认线索有效并最终寻回失踪人员，每助力寻找回一名失踪人员，“佳都科技人工智能慈善基金”即给信息提供者人民币一万元作为善心嘉奖。

五 小结

从近两年广州慈善榜企业捐赠的数据中可以看出，广州企业的整体慈善捐赠规模不断走高，不论捐赠总额还是平均水平均有所提升，出现全年慈善捐赠总额超过亿元的单个企业，且有部分企业成为《慈善榜》的“常客”，持续进行大规模捐赠。可以预见，在未来一段时期内，慈善捐赠对于绝大多数企业而言依然是其履行社会责任、参与公益慈善的主要方式，也是企业除了自身产品或服务的销售外，扩大社会影响力的主要手段之一。

① 参见佳都科技官网，https://www.pcijia.com/。

② 参见佳都科技官网，https://www.pcijia.com/newsdetail/23。

从广州企业的实践现状来看，以国家大政方针为主要导向是广州企业公益慈善参与的一个主要特点。近年来，广州企业在扶贫济困领域比较活跃，以对口资金扶持、人才培养、公益广告等不同形式和内容参与到脱贫减贫这项关乎广大群众的伟大事业中。2020 年是“十三五”的收官之年，也是我国决胜全面建成小康社会之年。在这个特别的历史时期下，广州企业社会责任的履行也将优先以此为主要目标。

广州企业公益慈善项目案例反映出一个特点，广州企业善于发挥自身优势，并借助公益慈善项目打造自身品牌和形象，例如广汽集团的爱心直通车项目，利用自身强大的资源服务来穗务工人员和学生，而在服务的同时，也借助该活动传播自身作为交通行业龙头企业的重要信息。

“大数据”和“人工智能”这些热门词语并非近年才出现，然而，在公益慈善领域，以此为核心并产生切实价值的项目并不多见，这可能是由于在当前阶段，一般的公益组织在这方面处于劣势。从广州企业的公益慈善实践中可以看到，已陆续有企业开始挖掘数据与技术的社会价值，并取得一些实质性的成果，虽然整体而言类似的项目影响的受众和领域还相对较小，但在不久的将来，会出现越来越多借助人工智能及大数据技术的公益产品或服务，在更广的领域和更大的受众中不断展现其社会和人文价值。

B.9
广州社区慈善基金（会）发展现状、面临挑战和对策建议

王筱昀　曹 洋*

摘　要：本文对广州市社区慈善基金（会）的发展现状、面临挑战进行了分析，重点探讨了社区基金（会）应如何激发社区内生动力和居民自发参与，并在此基础上提出推进该项工作的建议，以期进一步促进广州市社区慈善基金（会）的可持续发展，助力共建共治共享基层社会治理格局营造。

关键词：社区基金会　社区治理　居民参与

社区基金会起源于1914年美国的克利夫兰，银行家弗雷德里克·高夫使用银行闲置的信托资金和社区慈善捐赠建立慈善保本基金，并组建资助委员会，将保本基金的理财收益用于发展社区公益。这种新兴的慈善组织形式被称为“社区信托”，也是最早的社区基金会。

经过一百余年的发展，社区基金会在50多个国家落地，全球共有超过1800家社区基金会。不过，虽然共同使用、认可“社区基金会”这一概念，但各地社区基金会的资金来源、运作模式、发展路径有着巨大的差异。早期的社区基金会采用“社区信托”模式，如今，这一模式仅存在于少数基金会。在全球范围内，社区基金会也没有统一的模式，它深

* 王筱昀，博士，中国人民大学公共管理学院讲师；曹洋，广州市慈善服务中心事业发展部负责人。

深嵌入当地独特的社会文化环境中。但无论社区基金会采用哪种具体运作模式，它的使命是相似的，即汇集慈善资源，促进本地社区发展。彼得·沃肯霍斯将社区基金会的核心特征归纳为本地资源，本地利益相关者，本地解决方案。[①]

2008～2009年，伴随着桃源居公益发展基金会和广东省千禾社区发展基金会的诞生，社区基金会这一舶来品开始了在中国的本土化。2014年是中国社区基金会发展的分水岭。在2014年之前，社区基金会并未得到政府的大力支持，虽然有政府支持下成立的上海洋泾社区基金会，但仅限于少数个案。2014年，深圳市政府出台了《深圳市社区基金会培育发展工作暂行办法》。在政府的大力推动下，深圳、上海、南京、成都等地方政府大力推动社区基金会发展，目前，中国的社区基金会超过了100家，绝大多数为政府推动发起成立。

虽然各地社区基金会如雨后春笋般成长，但大多数政府发起的社区基金会都面临如何激发社区内生动力的问题。社区基金会应如何避免行政化，真正调动社区居民参与的积极性、主动性？在探索社区基金（会）发展的路径方面，广州市另辟蹊径，依托成熟的社工服务站平台，将社区慈善基金（会）嵌入社区治理，并通过广州市慈善会给予社区基金（会）资源和能力建设支持。在发展路径方面，广州市并不急于成立独立注册的社区基金会，而是鼓励有意愿的社区先通过广州市慈善会设立社区基金，发展成熟之后再转型为独立的社区基金会。这一做法，一方面降低了风险和行政成本，另一方面也充分利用了已有的慈善资源，通过社区基金实现慈善会、社工站和基层社会组织的联动。

本文梳理了广州社区基金（会）发展的现状和问题，并提出对策建议。

---

① Walkenhorst, Peter, *Building Philanthropic and Social Capital: The Work of Community Foundations*, Verlag Bertelsmann Stiftung, 2010, pp. 7 - 8.

一 广州市社区慈善基金（会）发展现状

党的十九大以来，习近平总书记提出“打造共建共治共享的社会治理格局”①。一方面，加强社会治理制度建设，完善党委领导、政府负责、民主协商、社会协同、公众参与、法治保障、科技支撑的社会治理体系，提高社会治理社会化、法治化、智能化、专业化水平；另一方面，加强社会心理服务体系建设，培育自尊自信、理性平和、积极向上的社会心态。加强社区治理，既要发挥基层党组织的领导作用，也要发挥居民自治功能，把社区居民的积极性、主动性调动起来，做到人人参与、人人负责、人人奉献、人人共享。大力推动建立社区基金（会）是调动社区本地资源，解决本地问题的重要手段，更是广州市着力引导慈善资源下沉基层，助力创建“慈善之城”的重要举措。

广州市从2007年开始推行家庭综合服务中心模式，每年投入3亿多元在188个街道设立社会工作服务站，扎根社区，参与社区治理，为社区居民服务。2016年1月正式成立第一家社区公益基金——广州市慈善会人和社区慈善基金。2018年6月成立广州法泽社区公益基金会，主要开展社区治理、社区调研、品牌项目等业务内容。2018年12月广州市慈善会出资成立广州市善城社区公益基金会，主要资助社区项目，孵化和培育社区基金（会）。2019年先后成立广州市慈善会光塔街、赤岗街、五山街、金沙街、人民街、岭南街、矿泉街社区慈善基金以及番禺区慈善会沙园社区慈善基金等。

广州市社区慈善基金（会）的发展模式具有本土特色，集中体现在社区慈善基金（会）与社工发展相辅相成，充分利用广州市慈善会的平台和资源。广州的社会工作发展日趋成熟，全市共建立了社工服务站（家庭综

① 《习近平在中国共产党第十九次全国代表大会上的报告》，人民网习近平讲话数据库，2017年10月28日，http：//jhsjk. people. cn/article/29613660。

合服务中心）201 个。广州市 2019 年发布“社工 + 慈善”战略，并配套发布《广州市慈善会社区慈善基金合作服务指引（试行）》《广州市慈善会社区慈善捐赠站合作服务指引（试行）》，依托成熟的社工服务站平台，将社区慈善基金（会）嵌入社区治理。社工站（家综）以社区需求为导向，为社区居民提供专业服务，是扎根基层社区的重要服务阵地。社区慈善服务指引有效链接三个服务主体，将社工站（家综）、广州市慈善会、广州市善城社区公益基金会的使命、经验、资源紧密融合，从资金募集、资源链接、服务提供、专业支持等方面搭建社区慈善平台，助力基层社区治理。

根据服务指引规定，三大服务主体充分发挥其各自优势：一是利用社工站（家综）开展社区服务的优势，将社工站（家综）作为社区慈善基金的项目执行方，负责落实开展具体社区服务；二是利用广州市慈善会公开募捐资格、公信力、影响力和动员力，为社区慈善基金提供公募支持、款物筹集、财务监管、信息公开；三是发挥广州市善城社区公益基金会孵化培育社区慈善的功能，为社区慈善基金、社区慈善捐赠站点的日常运营管理提供专业支持。

在社区基金（会）的管理架构方面，注重多元共建共同参与社区治理。《广州市慈善会社区慈善基金合作服务指引（试行）》规定社区慈善基金（会）设立管委会，管委会成员涵盖街道人员、社会工作者、社会组织负责人、志愿者、居民代表等。多元主体参与社区治理，明确各主体定位，将更好地形成合力，激发社区活力，共同开展社区治理，达至社区共治。该文件除了强调多元主体的参与之外，还强调街道办事处（镇政府）的参与，明确街道办事处（镇政府）负责积极推动工作开展。该文件规定，社区慈善基金可由捐赠人、街道办事处（镇政府）、社区（村）居委会、承接驻地社工站的社工机构、慈善组织、志愿（义工）团体、爱心企业、居（村）民代表等自主、自愿发起；社区慈善基金管委会、街道办事处（镇政府）需派员参加。街道办事处（镇政府）是社区资源的掌握者和链接者，它的参与不仅能动员整个社区的参与，更能保持社区慈善基金规范地可持续操作。

在广州市社区慈善基金（会）的推进过程中，广州市慈善会等具有公开募捐资格的慈善组织开放公开募捐资格，为社区基层社会组织、社工站（家综）提供公募支持。社区基层社会组织、社工站（家综）围绕社区特殊群体需求，联合具有公募资格的慈善组织开展公开募捐活动，筹集资金用于社区特殊群体服务。这一举措更好地提升基层社区服务机构的项目管理专业化水平，促进其利用此项目链接社区资源，建立多元化公益慈善资源募集渠道，进一步激活了基层社区服务机构的活力。

二　广州市社区慈善基金（会）发展挑战

广州市拥有良好的社区慈善基础，但社区基金（会）在激发社区内生动力方面仍有待加强。目前社区基金（会）主要有两种形式：一种是街道办事处自上而下推动社区慈善基金（会）的成立。在街道办事处主导下，社区慈善基金（会）前期人力、资金等有保障。但在社区基金（会）稳步发展后，如何实现社区基金（会）可持续发展是必须解决的难题。另一种是爱心企业为主导的社区慈善基金（会），企业参与社区治理是动员资源的良好途径，但是在爱心企业占据话语权的情况下，社区居民如何有效参与社区治理也是一大挑战。

社区基金（会）难以调动社区内生动力，一个重要的原因是居民的参与意识和参与能力有待提高。社区治理归根结底是对“人”的工作，只有社区居民积极参与，才有社区发展的内生动力和可持续发展的基础。由于广州市社区慈善基金（会）处于推进发展阶段，居民对于社区慈善基金（会）了解不够深入。社区居民目前普遍存在小范围的社区慈善、社区救助行为，日常的邻里互助守望限于传统型救助，对于社区治理、社区公共事务参与意识不足，需要引导和培育。社区居民遇到困难及共性需求，习惯于寻求政府的帮助，没有社区公共发展意识。对于动员居民参与社区基金（会）发展，社区自治存在较大挑战。

社会基金（会）难以调动社区内生动力更重要的原因是社区基金（会）的政策没有为社区基金（会）发展提供充分的支持，社区基金（会）的管理者和管理方式难以让组织有效运转，凝聚社区慈善力量。具体来讲，有以下四点。

第一，政策支持体系不够完善。在区、街镇层面，目前尚未重视社区慈善基金（会）的发展，相应的支持体系比较缺乏，需要政府主管单位进一步重视社区慈善基金（会）的发展，有明确的政策支持及资金投入，并制定体系化的发展规划和资源统筹。

第二，枢纽型组织作用有限。目前广州市枢纽型组织、资助型基金会在支持社区慈善基金（会）发展方面尚未形成积极参与的态势。目前除了广州市慈善会、番禺区慈善会、广州市善城社区公益基金会支持外，其他枢纽型、资源型组织还未开展较为实质的行动。目前已开展支持的三家枢纽型组织对社区慈善基金（会）的支持更多是在初级设立阶段的支持，未就深入发展进行有效支撑。

第三，管委会的能力尚待提升。社区慈善基金（会）设立管委会，由街道、志愿者、企业负责人等参与，但是由于处于探索阶段，管委会普遍对如何推动社区基金（会）发展经验不足，管理能力不足。管委会承担着社区基金（会）动员社区资源解决社区问题的重任，首先，了解社区居民的需求、遇到的问题，需要深入的调研。其次，社区最终是人的工作，如何在居民参与意识不高的情况下，组织动员居民参与社会治理。再次，在如何开展共治共享方面，关于社区居民参与的途径、议事原则、资金监管、信息公开等，都需要管委会有极强的组织统筹能力。

第四，社区资源有效共融存在短板。社区慈善基金（会）是动员社区资源解决社区问题，达至共建共治共享的重要载体。社区资源的来源涵盖方方面面，包括爱心企业、志愿者团队、政府部门、居民等，如何将社区资源有效链接并有效共融，也是社区基金（会）面临的挑战。社区慈善基金（会）资金是要动员社区各个群体参与捐赠，爱心企业捐赠大额捐款，其资金使用方向是否与社区居民实际需求相一致。在社区慈善基金（会）帮扶社区居民的标准设定、社区公共治理过程中各方不同角色的冲突，都为社区慈善基金（会）的长远发展带来挑战。

三　国内外社区基金会发展模式借鉴

无论是国内还是国外，都有许多社区基金会并非完全由居民自发成立，而是在外力支持推动下成立的，例如，20 世纪 80 年代以来，美国慈善基金会在全球推动社区基金会的设立，中国地方政府以不同方式支持成立社区基金会。对于这些外力推动成立的社区基金会，如何激发社区内生动力是当前面临的共同挑战。

2017 年 6 月，中共中央、国务院出台《关于加强和完善城乡社区治理的意见》，鼓励通过慈善捐赠、设立社区基金会等方式，引导社会资金投向城乡社区治理领域。[①] 发展较早的上海、深圳等地先后颁布《上海社区基金会建设指引（试行）》《深圳市社区基金会培育发展工作暂行办法》等政策办法。在政府和相关政策的强力推动下，社区基金会在北京、天津、重庆、南京、杭州、嘉兴等地陆续出现，全国涌现出越来越多的社区基金会。其中，上海社区基金会以政府购买项目、社区筹款、企业捐赠等方式筹资，主要以政府购买项目为主来扶持社区基金会的发展。深圳市从制度上推动社区基金（会）的发展，将注册资金从 200 万元降到 100 万元，推动政府倡导性社区基金（会）的成立。成都从顶层设计入手，构建起由党组织统一领导的城乡社区发展治理体系，在全国首创市委城乡社区发展治理委员会，由市委常委、组织部部长兼任主要负责人，并通过财政资金资助的方式设立成都市锦江区社会组织发展基金会，主要负责孵化和培育社区基金（会）。

半数以上通过政策引导而成立的社区基金会面临居民参与不足、组织缺乏活力的问题。根据唐有财等学者对上海社区基金会的研究，一些社区基金会仅仅为了应付上级政府任务成立，街道政府并没有动力运营社区基金会，

① 《中共中央　国务院关于加强和完善城乡社区治理的意见》，中国政府网，2017 年 6 月 12 日，http：//www.gov.cn/xinwen/2017－06/12/content_ 5201910.htm。

使组织如盆景摆设，几乎不开展活动；而另一些社区基金会，街道政府急于求成，过多干预介入，管得过死过严，挤出了居民参与。[①] 通过总结前人的文献和案例研究成果，我们认为社区基金会可持续发展需要满足如下三个条件。

第一，尊重社区居民意愿，避免为了完成任务而成立社区基金（会）。在美国的印第安纳州，礼来基金会于20世纪90年代初推动了90余个社区基金（会）的成立，绝大多数实现了可持续发展，其中很重要的一条经验就是尊重社区居民意愿。居民需要发起并筹募到一定金额的慈善基金，礼来基金会才会以配捐的方式给与社区基金会支持。[②] 也就是说，社区基金会需要证明自己能够获得足够多的本地支持，才有可能获得礼来基金会的资金。通过政府行政命令和劝募成立的社区基金（会），往往从一开始就缺乏内生动力。

第二，加强社区基金会的管理能力和领导力。社区基金（会）可持续发展的必要条件，是发起人有自主创业的精神，无论遇到何种困难，都有强烈的意愿发展社区基金（会），不依赖政府和外部基金会的支持。因此，找对人，尤其是找到有公心、有能力的发起人是关键。政府可以从基层活跃志愿团体和社会组织中发掘社区基金会的领导者，并给与支持和试错空间，耐心陪伴社区基金会成长。政府与社区基金（会）是平等的合作关系，社区基金（会）的工作应从居民需求出发而非政府工作任务出发。如果社区基金（会）缺乏自主性，则难以吸引优秀的管理者和志愿者。

第三，传统慈善和现代公益相结合。社区基金（会）这一概念是舶来品，需要与本土慈善文化结合。在社区基金（会）的初期，可适当与传统慈善结合，通过举办教育、敬老、扶贫等活动，切实回应居民需求，获得居民的信任。社区基金（会）可通过小项目发掘社区热心志愿者，进而扩大

---

① 唐有财、王小彦、权淑娟：《社区基金会的本土实践逻辑、治理结构及其潜在张力》，《社会建设》2019年第1期，第64～74页。

② 王筱昀：《如何培育扶持社区基金会——以美国礼来基金会为例》，《中国社会组织》2017年第17期，第34～35页。

团队规模，动员更多居民参与社区公共事务。社区基金（会）参与社区治理不可急于求成，应循序渐进，只有基金（会）自身积累了足够的资源和社区资本，才有能力介入复杂的社区关系，联合利益相关方解决社区问题。

四　广州市社区慈善基金（会）发展的对策和建议

政府培育社区基金（会）应重视激发社区内生动力，尤其注重发掘社区基金（会）领导人和核心志愿者，给与空间和资源，耐心陪伴他们成长，在具体的支持体系和方式上，我们提出如下对策和建议。

（一）完善发展机制，加强规范化有序发展

针对探索性发展阶段遇到的挑战，广州市要进一步完善发展机制，发挥党建引领作用，在政策上进行规范化引导，出台相关培育管理激励办法，搭建社区慈善基金（会）发展整体框架，制定社区慈善基金（会）长远发展规划，动员各方资源积极参与社区慈善基金（会）发展。在中观层面，需要培育扶持枢纽型社会组织，培养慈善人才。在社区层面，需要搭建社区慈善基金（会）发展平台，明确社区、社会组织、专业社工人才、社区企业、社区基金等各个参与主体的角色定位，深入推动以社区慈善为切入点的社区治理机制创新。

（二）培育重点组织，发挥枢纽型组织支持作用

枢纽型、平台型社会组织能把政府相关部门和社区社会组织紧紧联结在一起，搭建政府与社区社会组织的沟通平台，确保自上而下的指导和自下而上的沟通渠道顺畅且有效。要重点培育广州市善城社区公益基金会、广州市慈善会、广州市社会工作协会等组织，对其进行放权和赋能，加大资源投入，完善沟通机制，使其充分发挥枢纽型社会组织的支持作用。

（三）完善内部治理，提升枢纽型组织自身能力

广州市善城社区公益基金会、广州市慈善会等枢纽型组织需要不断提升

自身能力建设，切实为社区慈善基金（会）发展提供行之有效的支撑。枢纽型组织需要不断完善内部治理，调动专业资源，加强走访调研、实地交流，加大投入，支持社区慈善基金（会）的发展。

（四）加强能力培训，提升管委会社区治理能力

目前，广州市社区基金（会）处于初步发展阶段，为使其发挥参与社会治理的有效作用，需要进一步加强社区慈善基金（会）人才、管委会人员能力建设，组建专家团队，提供全过程指导和服务。针对每个社区慈善基金（会）的不同情况，开展一对一的专业支持，开展社区基金（会）座谈研讨，同时搭建交流互助平台，引导不同社区基金（会）相互分享经验。重要的是加强管委会人员能力建设，在社区基金（会）发展的不同阶段，分重点分类型地开展培训工作。深入开展细则指引，包括如何链接资源、款项管理、信息公开以及管委会议事守则等，形成工具包，切实加强管委会社区治理能力提升。

（五）推进项目化运作，确保资金筹集多元化

社区慈善基金（会）的发展不仅需要政府层面的重视，更需要社区居民层面的广泛动员和参与。一是广州社区慈善基金（会）依托社工服务站（家庭综合服务中心）形成项目化运作，重点开展耆乐安居、微心愿等项目，对社区居民的真正需求掌握精准，全面和准确了解社区实际情况，摸清关系社区居民利益的真正需求，注重社区民生问题的解决。二是确保社区慈善基金（会）资金筹集的多元化，社区慈善基金（会）以社区居民实际需求为立足点设立项目，特别需要动员社区居民参与与自身利益相关的项目，进行自主慈善捐赠，增强社区居民对社区慈善基金（会）的话语权和归属感。三是做好社区慈善基金（会）的资金监管工作，切实对基金的使用进行充分讨论和实时透明公开，确保社区居民对资金使用的信任，把社区居民的积极性、主动性调动起来。

（六）总结典型经验，建立系统全面的宣传机制

广州市发展社区慈善基金（会）的原则是“成熟一个发展一个，发展一个成功一个”。在设立社区慈善基金（会）时，要充分考察其设立基础，根据社区特色，总结不同社区基金（会）发展模式，归纳规律，形成典型经验。建立系统全面的宣传机制，链接媒体资源，推广典型经验，提升社区慈善基金（会）的社会影响力。通过激励表彰、宣讲推广先进经验、出版典型案例集、结合慈善重要活动评选有影响力的社区慈善项目等，提供各方对话的公共平台，增强社区居民的参与，营造社区慈善氛围，引导社区慈善基金（会）良好有序发展，打造立体的社区慈善基金（会）宣传体系。

地区发展篇

Regional Reports

B.10 2019年度广州市番禺区公益慈善事业发展报告

广州市番禺区民政局　广州市番禺区慈善会*

摘　要： 本报告对2019年度番禺区公益慈善事业发展的主要成果、实践特点进行了梳理和总结，并对下一步如何推动番禺区慈善事业高质量发展提出建议。番禺区慈善事业逐步呈现参与主体多、参与形式多、建设项目多、覆盖群体多等特点，已经成为番禺区夯实基层社会治理基础、激发社区内在活力的重要抓手，值得其他地区参考和借鉴。

关键词： 慈善事业　社区发展　番禺区

---

* 广州市番禺区民政局，广州市番禺区人民政府职能部门；广州市番禺区慈善会，非营利公益社会团体。

古邑番禺，人杰地灵，是岭南文化的重要发祥地之一。近年来，广州市番禺区深入推动慈善管理体制与运作机制的改革创新，贯彻落实《中华人民共和国慈善法》中的各项规定。一方面，番禺区不断加强落实党建工作在组织发展中的重要地位，将“党建+慈善”的理念深入人心；另一方面，通过出台政策，积极推动番禺区公益慈善朝着组织化、社区化、规模化以及生态化的方向发展。

一　番禺区慈善事业发展的主要特点

（一）开展公益创投，落实可持续发展理念

番禺区委、区政府对慈善事业高度重视和支持，在此背景下，番禺区社会组织蓬勃发展。番禺公益慈善创投项目大赛从2015年正式启动，已连续开展五届。2018～2019年度番禺公益慈善创投项目大赛中，共有18个番禺区内公益慈善项目获得总计210万元的创投资金资助；2019～2020年度番禺公益慈善创投项目大赛中，共有27个番禺区内公益慈善项目获得超过300万元的创投资金资助，项目涵盖了社区社会组织培育、社区治理创新、未成年人保护、扶老服务、来穗务工人员子女服务、残障人士服务、其他公益创新类和青少年夏（冬）令营类8大类别。

番禺区妇联献爱心公益创投项目于2018年9月启动，首届评审工作对妇女服务类、少年儿童服务类、家庭服务类3个类别予以资助，服务范围覆盖10个镇街。2020年3月开展的第二届献爱心公益创投项目拓宽服务范围，共支出300万元资助25个项目，除了对特困单亲母亲家庭、失独家庭、留守妇女等特殊群体的基础性、兜底性服务外，还增设广大妇女儿童的普惠性服务以及抗击新冠肺炎疫情专项等重大项目，强化了党建引导下的党群联动工作，实现跨界融合互利共赢。

通过公益创投项目大赛，番禺区重点关注社区社会组织培育与社区治理创新服务，激发社会组织创新的动力，同时，鼓励社会组织调动社区各方面

主体，共同参与社区协商自治和公共事务的管理，从而提升社区自我管理、自我服务、自我教育、自我监督能力水平，推进社区发展与进步。

（二）慈善助力扶贫济困，打好脱贫攻坚战

在政府的号召下，社会各主体都有组织地参与到扶贫工作中。《番禺区2019年广东扶贫济困日暨区慈善会换届筹款活动方案的通知》倡议全区党政机关、企事业单位、干部职工和社会各界爱心人士积极捐款，共同助力脱贫攻坚战。番禺区慈善会还设立了“我为广东70.8万户176.5万贫困人口脱贫攻坚认捐”项目，倡议社会各界积极捐款，人人参与助力扶贫攻坚。所有该项目筹集的捐款全部用于广东省建档立卡贫困人口到户到人精准脱贫。2013～2019年期间，广州市番禺区慈善会共划拨扶贫资金资助扶贫项目148个，其中资助梅州市扶贫项目100个，贵州省扶贫项目45个，四川省扶贫项目3个，发挥了慈善事业在脱贫攻坚战中的重要作用。

（三）慈善助力日常救助，关爱困难群众

番禺区慈善延续了岭南慈善传统，通过日常救助帮扶困难群众。番禺区慈善会于2001年出台了《广州市番禺区慈善会异地务工人员重大疾病医疗救助实施办法》，对在番禺务工期间因患重大疾病导致家庭生活困难的异地务工人员实施救助。2015年，番禺区慈善会对原办法进行了修订完善，2016年1月出台新的实施办法，扩大了救助范围，提高了救助标准，以更低的门槛惠及更多来穗务工者及其子女。从2013年7月至2019年12月31日，番禺区慈善会共开展救助业务8804宗，其中，医疗救助3787宗，助学3563宗，来穗务工人员援助15宗，临时生活困难救助1383宗。

番禺区对来穗子女的救助成绩尤为突出，尤其是医疗救助方面，形式多样，覆盖面广。番禺区推行“政府出资，保险赔付，个体受益”的救助运行模式，要求有条件的镇（街）来穗未成年人享有与本地户籍人员一样的公共卫生服务。2016年，完善并出台《广州市番禺区慈善会来穗务工人员重大疾病医疗救助实施办法》，增加了对来穗未成年人的重大疾病医疗救

助，重大疾病医疗年度救助总额由原来最高3万元调整为5万元。2015年，区义工联联合区慈善会与广东粤禺兴互联网科技有限公司联合开展“守护小候鸟”计划，在全区推广300个以自动售货机为载体的便利店，把每台自动售货机每年销售额的2%（不少于2000元）捐赠出来。初步预计，每年至少有60万元，5年至少300万元，作为善款，用于支持“守护小候鸟”计划。这是全市首个利用社会慈善资源支持、面向异地务工人员子女的医疗救助专项，为解决番禺区异地务工人员子女的就医资金短缺问题作出重大贡献。

（四）慈善助力运动健康，畅通活动渠道

广州市民对体育事业有着极高的热情，将慈善融入体育是番禺区慈善的一大亮点。番禺区“慈善健康行”通过组织社会各界爱心力量，发挥了“让慈善融入运动”的理念，宣扬了“帮扶社会弱势”的宗旨。每年以不同的筹款运动主题为不同的慈善项目进行筹款，市民群众的参与程度逐年提高，已成为番禺区一年一度的慈善品牌。

2015年度“慈善健康行”以“为保护未成年人项目筹集善款”为主题，共筹得善款451876.9元。与以往善款主要来源于企业捐赠不同，2015年起，来自社会组织和群众个体的捐赠增多，说明慈善理念的传播更大众化，“人人为我，我为人人”的公益意识更加深入民心。2016年以“你我齐参与慈善健康行，为困难单亲家庭专项募款”为主题，共筹到善款335375元。此后，从2017年的“关爱残障人士”，2018年“慈善英雄联盟会”，再到2019年的“礼赞70年同走番禺幸福路——为老年人服务项目募集善款”主题，筹款总数和参与人数不断增长。

（五）慈善助力扶老助老，慰藉老人身心

2014年，由番禺区慈善会出资，专业社会服务机构承办的“暖心计划之失独家庭支持”项目，依靠社会工作专业的理论知识和实践经验，对失独家庭提供关心与支持服务，提升失独家庭居住环境质量以及失独长者在

居家安全方面的能力。该项目为 18 户失独家庭进行了居家改造，包括从蹲厕改造为坐厕、增设扶手、添置防滑垫等，并通过宣传进一步提升失独长者在居家安全方面的知识及技能，为失独家庭建立社会支持网络，帮助他们走出精神低谷，重拾生活信心，重新融入社会。除此之外，番禺区慈善会以项目资助形式，支持“长者饭堂”配餐点进行升级改造，提升就餐环境舒适度，提高社区老年人的幸福感。截至 2019 年，全区共升级改造配餐点 120 个，服务覆盖 16 个镇街的所有社区和村，每天就餐长者人数约 4100 人。

番禺区还积极组织文艺活动，丰富退休老人精神文化生活。2017 年，番禺区举办“光辉十九大・禺山夕阳红”文艺汇演，组织全区 16 个镇街共 350 名社会化管理的退休人员登台献艺。2019 年，番禺区民政局联合番禺区慈善会举办“大美番禺银龄共享万人游”活动，从 9 月 5 号开始至 12 月 12 日期间，组织全区适龄长者分成 42 批参与番禺一日游活动，以旅游的形式，让长者亲身感受番禺区在粤港澳大湾区布局下的巨大变化。当中，60 ~ 70 岁的长者占 54%，70 ~ 80 岁占 27%，80 ~ 90 岁占 16%，90 岁以上的占 3%，年纪最大的已经 93 岁高龄。

（六）慈善助力防疫控疫，助力困难群体兜底保障

一是开展专项募捐和宣传倡导活动。以番禺区慈善会、红十字会公开募捐为纽带，主动链接慈善资源，联动镇街慈善会规范开展疫情防控社会捐赠接收和管理使用工作；通过制作发布《战疫情》慈善募捐宣传片，倡导社会各界热心企业及人士参与抗击疫情工作；通过疫情防控捐赠答谢活动，传播善念，弘扬慈善文化，汇聚慈善大爱和慈心善行，传递番禺慈善正能量。疫情期间，番禺区慈善会共接收捐赠款物 2800 多万元，其中拨付湖北捐赠款物达 640 多万元。

二是多元公益慈善项目凝聚社会力量积极参与疫情联防联控。番禺区慈善会从物资保障、社区联防联控、人文关怀等多个方面，资助开展“关爱逆行者・情暖家属心”行动、“五社同心、联动战疫”社区疫情防控支

持计划、“隔绝疫情、凝聚真情”关爱番禺区困难长者爱心午餐公益项目等，对接一线防疫工作者及受疫情影响的困难群体等，持续深入动员社区社会力量参与社区疫情防控，打造社区支持平台，织密社区关怀网络；逐步探索以慈善资金撬动社会资源，依托“五社联动”机制，打造公益慈善平台，探索深化城乡社区治理和社会救助创新模式，助力特殊困难群体兜底保障工作。

二　番禺区社区基金发展实践与探索

（一）成立政府领导小组，多主体参与项目推行

自2016年以来，番禺区“五社联动”公益项目探索社区基金作用发挥。社区基金扶助项目从项目制定、资金筹集到议题落实，整个工作都是在番禺区委、区政府的领导下，多主体参与开展。番禺区委、区政府高度重视社区基金项目的铺开，由区委书记亲抓落实，区长具体负责，坚持实地调研和督促工作，确保社区基金项目成功开展和落实。通过广泛吸纳社会多元主体参与，构建“群众点菜—社区协商—中心统筹—企业资助—社会组织实施—社会监督—居民参与和受益”的社区公益路径，推动合力解决社区居民迫切需求及基层治理中的难点、热点问题，营造共建共治共享的社会治理格局。这条社区公益路径先是收集居民需求，再通过城乡议事厅平台，组织企业、社会组织、群众等多方代表开展议事协商活动，以确定社区基金扶助项目的主题，并明确承办主体；接下来，组织企业认购相关微公益项目，再由专业社会组织承接实施，以推动议题落实。

番禺区竭力广拓深挖社区基金的资金来源，采取政府拨一点、群众集一点、企业捐一点、活动筹一点“四个一点”公益善款筹资渠道，面向社会、社区、企业、居民、团体、组织、行业协会、慈善组织、社区物管、地产商等广泛筹款，以确保社区工作的开展有充足的社会资金支持。自2018年以来，全区参与到爱心捐款的社区企业共超过983家，行业商（协）会约16

个，总共募得2770万元。其中，177个行政村筹得2000万元用于开展敬老、扶贫、慰问等活动，98个社区筹得社区基金770万元。

（二）鼓励社会各界积极参与，多形式保障资金安全

番禺区充分调动商会资源，选择党性强、热心公益的商会带头人，带头发动社区企业参与社区治理，积极为社区基金提供资金支持，为社区公益创投项目输送“血液”。如锦绣香江房地产公司为社区定向捐赠100万元，用于社区治理和社区建设；南村镇坑头村发动村内企业定向捐赠100万元充实社区基金，为社区开展扶贫助老等服务项目提供资金保障。社区企业的这些善行义举会通过“五社联动”平台在社区内广泛宣传，有助于提升企业公益形象，帮助打造企业品牌，赢取群众信任，使得社区企业更乐于资助社区公益活动，推动社区建设和企业发展共建共赢。

番禺区制定《推动社区基金发展指导意见》（以下简称《指导意见》），拟以“慈善组织+社区（村）”冠名基金的形式按一社区一基金目标设立社区基金。《指导意见》明确提出，社区基金需要公开募捐的，管委会应与具有公开募捐资格的慈善组织合作，依法开展募捐活动。区慈善会同步制定《番禺区慈善会社区基金管理办法》，细化规定社区（村）使用社区基金时需向区慈善会提交项目实施方案等材料，并事先对相关组织及人员开展业务培训和考核；所筹得款项将由区慈善会进行管理，由社区居民代表和特邀专家学者进行监督和指导，确保项目组织和资金使用合法、合规。番禺区以法制为保障，探索规范社区基金培育发展，有效提高社区基金的公信力，促进社会主体积极参与到社区基金的工作中来。

（三）打造社区公益媒介，可持续推动社区发展

社区基金通过资助连着捐赠方和需求方，重建居民之间、居民和社区组织、社区企业之间的关系，以社区公益媒介的形式，为保障社区边缘群体和普通居民的发展提供资源，有效提升社区治理水平。目前，番禺区发展培育社区公益慈善类、互助服务类社会组织（含镇街备案管理的社区社会组织）

等1600多家，链接社区（村）企业983个，链接社会组织1102个，开展活动3066场次，解决城乡协商问题2186个，解决小区车辆乱停乱放、宠物管理、社区卫生环境等问题1700多件，投入社工7553人次，志愿者参与15696人次，服务达25万人次。如石碁镇开展“耆乐安居”项目，利用17万元社区基金为辖区内33户困境长者、残康人士家庭进行居家改造，为5栋老旧且长者居多的居民楼安装楼梯扶手，惠及60户家庭，近300人受益；洛浦街丽江社区利用社区基金帮扶长者、残疾人，协助开展配餐服务，累计服务超过2.6万人次；南村镇锦绣香江社区联合物业公司、业委会、社区居委会和长者康乐联谊会，发起爱心筹款活动，为发生交通事故的小区保安筹集医疗费用8万元；南村镇总商会和慈善会牵头积极发动辖内企业定向募捐，推动南村镇雅居乐社区基金、锦绣香江社区基金、坑头村社区基金募集和管理，其中，锦绣香江社区和坑头村各筹得100万元社区基金；雅居乐社区为独居老人配置医疗电子保姆仪；新造镇曾边村为村内50余名独居、孤寡及难以承担租房费用的长者住处加建无障碍设施、改造排水系统、长者公寓电梯、改善居住环境，为长者建立“一人一档案”健康护理等一系列服务。

以上社区基金项目都是协助社区解决困难和问题，推动社区治理从“被动组织模式”转变为“主动活跃模式”，增强广大居民的幸福感、获得感、参与感，激发居民参与积极性，推动建立可持续的共建共治共享的社会治理格局。

三　推动番禺区慈善事业高质量发展的建议

（一）加强慈善组织建设，营造良好社会氛围

番禺区要以《中华人民共和国慈善法》作为慈善工作的根本遵循和依据，严格按照《中华人民共和国慈善法》的要求开展工作，增强制度的执行力。通过加强制度建设，使慈善工作走上规范化、法治化、科学化的轨道。番禺区已成立的慈善组织要不断完善自我，不断提升组织能力建设水

平。此外，应着力提高公益慈善事业专职人员的从业技能。公益慈善相关从业人员要主动加强慈善工作流程、慈善资金的使用和管理、项目执行、信息化建设等方面的培训学习，开展对内对外交流学习，开阔眼界，全面提高自身公益慈善工作业务能力。政府部门应通过购买服务或提供引导和政策激励等方式促进慈善专业人才技能不断提升。除此之外，应建立全面薪酬保障和激励机制，促进构建高质量、可持续的人才队伍。

（二）增进跨界协同，共绘“科技向善”前景

科学技术是第一生产力。目前，国内的科技公司将互联网技术广泛应用到公益慈善领域，利用其平台优势，逐渐形成了“指尖公益”的发展趋势。未来，番禺区应当加强与科技企业合作关系，利用科技企业技术优势和产品设计，助力慈善发展；深挖大数据、区块链等技术对公益慈善组织专业化运作和透明化管理方面的作用，引导社会组织创新运作方式；打造多元场景，让番禺区社会公众更好地了解公益慈善、参与公益慈善。

此外，番禺区公益慈善领域存在“数据孤岛”现象，部门之间数据无法互通造成了慈善领域沟通不畅的困境。建设番禺区公益慈善领域数据信息系统有助于链接政府、慈善组织的慈善信息，实现番禺区慈善会与16个镇街的镇街社区社会组织联合会和镇街慈善会的沟通、交换、汇总、共享，互通有无，协同业务，让不同慈善组织之间能够通过平台共同开展慈善活动、联合救助服务等，实现效率最大化。

（三）加大宣传力度，培育公众慈善意识

先进慈善文化理念的传播，有利于增强社会公众的慈善意识，增进公众对慈善事业的了解，提高慈善事业的公众参与度。番禺区要积极宣传扶贫济困、友善互助的传统慈善文化理念，弘扬中华民族的慈善传统美德。积极传播平等、互助、诚信、包容等现代慈善观念，培育全民慈善意识和社会责任感。广泛普及慈善文化知识，帮助公众对慈善事业形成理性、客观的看法。

将慈善文化理念融入社会公众的日常生活，推动形成人人关心慈善、支持慈善、参与慈善的良好氛围。

近年来，番禺区公益慈善事业蓬勃发展、成绩显著，在保障改善民生、调节贫富差距、缓和社会矛盾、促进社会文明进步等方面发挥了重要作用。应当积极宣传现阶段番禺区公益慈善事业在社会捐赠、慈善帮扶、志愿服务、组织发展、监督管理、法制建设、政策支持等各个方面的发展成效，扩大番禺区慈善事业的社会影响力。同时，积极宣传税收优惠、购买服务等促进公益慈善事业发展的政策措施，为社会公众和慈善组织了解和参与慈善事业提供指引和帮助。

此外，番禺区在公益慈善事业发展过程中涌现出许多先进慈善人物、爱心企业、优秀慈善组织和慈善工作者，他们为推动慈善事业发展作出了重要贡献，发挥了模范带动作用。要广泛宣传在慈善领域作出突出贡献的正面慈善典型，宣传先进慈善人物无私奉献的慈心善举、爱心企业回报社会的良好形象、优秀慈善组织规范透明的管理经验、品牌慈善项目的突出社会效果、优秀慈善工作者的奉献与敬业精神，全面提升慈善事业的影响力和号召力，带动更多的社会力量参与慈善事业。

（四）深挖募捐渠道，创新资金募集方法

番禺区未来要开展多种形式的慈善基金筹集和募捐渠道，发动更多的爱心团体、热心人士参与到慈善活动、项目的捐赠之中。第一，整合网络资源，拓宽慈善筹款途径。为进一步推进番禺区公益慈善事业发展，规范网络筹款运营管理，番禺区应该进一步开拓网络筹款渠道，打造立体性、多样性的网络筹款平台，可以利用玩游戏、捐步数、参与话题等互动性强的方式，让公益慈善以轻松简单的方式推广到番禺区社会公众的日常生活之中。第二，番禺区可以在筹款中营造慈善文化，在爱心团体、社会人士捐赠善款后进行后续回访、联络，打造慈善捐赠的可持续性发展。第三，番禺区各公益慈善组织应完善财务管理和信息公开制度，确保资金使用规范、安全、有效。

B.11 2019年度广州市从化区公益慈善事业发展报告

广州市从化区民政局　广州市从化区慈善会*

摘　要： 本报告对从化区慈善事业发展的主要特点进行了总结，对推动慈善事业发展的经验进行了提炼。从化区慈善事业发展立足区域特色，不断促进慈善与乡村经济、文化旅游、农村社区治理等领域的有效融合，形成了区域慈善特色品牌。

关键词： 慈善事业　乡村振兴　乡村治理　从化区

2019年，广州市从化区被中央农办等六部委确定为全国乡村治理体系建设试点。从化区大力发展民生社会事业，社会保障能力明显增强，公共服务水平不断提升。[①] 在此背景下，从化区的慈善事业也得到了长足发展。《广州市2018年度区域慈善指数报告》显示，在综合发展得分方面，从化区位居指数排名第二位。从化区慈善会荣获广州市民政系统先进集体称号，首次上榜2019年度“广州市十大最具影响力慈善组织”，连续两年获得广州地区慈善组织透明度A级评价。从化区结合区域自身特点，努力探索走出了一条特色慈善事业发展之路。

---

* 广州市从化区民政局，广州市从化区人民政府职能部门；广州市从化区慈善会，非营利公益社会团体。

① 参见《2020年从化区政府工作报告》，广州市从化区人民政府网，2020年2月6日，http://www.conghua.gov.cn/zwgk/zjgb/zfgzbg/content/post_5655748.html。

一　从化区慈善事业发展的主要特点

（一）慈善 + 乡村 + 文旅，突出乡村经济发展重点

从化区慈善会围绕乡村振兴战略，致力于打造“乡村振兴，从善而行”的品牌，创新扶贫方式，走出了慈善扶贫差异化的道路，因地制宜，兼具独特性与区域高适配度，在打造从化区慈善品牌、提高慈善竞争力的同时拉动经济增长。

一是从化区具有得天独厚的旅游资源，有“中国温泉之都”和“广州后花园”之誉，温泉旅游业在区域经济中占据较大的比重，旅游景区有将近20处，包括碧水湾温泉度假村、广州抽水蓄能电厂旅游度假区等国家4A级和3A旅游景区，人文景观多样。此外，从化区拥有“中国文化生态旅游示范地”“中国最佳旅游度假胜地”等称号。二是从化区经济发展较其他区域相对落后，以农林产业为主要产业，乡村治理成为重点。经过几年的发展，2019年12月，从化区成为全国乡村治理体系建设试点。由此可见，推动乡村经济发展，盘活旅游资源，“慈善 + 乡村 + 文旅”是从化独特的发展道路。

通过设计最美骑行线路，将从化慈善乡村西和村和温泉浪漫小镇美丽的生态资源优势展现出来，借助自行车赛事吸引更多的市民来从化旅游，辐射周边城市，扩大受众覆盖面，带动从化乡村旅游发展。此外，通过活动把特色景点、绿道、温泉、酒店、民宿等串联起来，进一步盘活当地企业、商家和旅游资源，吸引更多的企业投资从化，带动从化乡村经济发展，是“慈善 + 乡村 + 文旅”的一次积极探索。

（二）慈善 + 荔枝，公益与乡村农旅融合发展

从化区慈善会开展“荔枝 + 公益”的定制系列活动，积极探索公益与农旅融合的发展道路。2019年，从化区慈善会与10多家社会组织建立合作

伙伴关系，定制荔枝树150棵，获得了120多万元的捐赠收入。此外还鼓励挂牌定制荔枝林，资助者可以在选定的荔枝树上挂牌，平日由村民负责打理，在成熟季节可以采摘品尝。通过荔枝定制的方式，不仅拉动当地农产品销售额的增长，开通城乡合作的渠道，还可以让社会组织以及爱心人士参与到乡村振兴的建设当中，实现精准帮扶。同时荔枝作为从化的特产，也能通过此方式在打响名号，形成当地农产品品牌，从而在全国范围内销售。

（三）慈善+运动，市民身体力行参与慈善活动

从化区已经成功举办六届慈善骑行活动，连续两年在特色小镇举办乐善骑活动，通过线上线下共募集善款近179万元，参与捐赠共4000多人次。设立了乐善骑基金，通过运动筹款帮扶从化乡村教育脱贫，把通过乡村旅游带来的收益作为基金善款用于购买图书、资助学校，关爱留守儿童等。2019年由广州市福利彩票发行中心冠名赞助，广州市慈善会携手从化区温泉镇人民政府、广州市公益慈善联合会、从化区慈善会等单位主办的“浪漫温泉 乐在骑中——2019福彩杯乐善骑活动”在从化区温泉镇环湖绿道举办，本次活动吸引近500名爱心市民参加，通过线上线下方式筹集善款超124万元，参与捐赠2000多人次。

（四）慈善+文化，讲好从化慈善故事

慈善事业的发展不仅需要政府的推动，而且需要号召居民发现身边人的慈善故事，将个人叙事融入整体发展战略规划当中，进一步提升慈善之城影响力。通过参与“优秀慈善家庭”“最美慈善人物”“最美志愿者”“广东扶贫济困红棉杯”“广州慈善榜”等活动，发扬爱心企业的慈善精神，褒奖爱心企业、善长仁翁，传递慈善力量，发挥榜样引领作用。2018年，从化区有9户家庭荣获广州市“优秀慈善家庭”称号，5家企业获得广东扶贫济困红棉杯，15家企业荣登广州慈善榜。在2019从化区慈善盛典暨区慈善会15周年庆上，共有22家企业荣获“慈善之星”称号，李两弟及其老伴林美婵、朱永红、潘超文、孙金光获得“最美慈善人物”，陈宏英、罗美玲、吴

小丽等10位志愿者获得“最美志愿者”称号。

此外，通过打造慈善标志，设立公共慈善宣传场所，营造浓厚的慈善文化氛围，让从化民众在耳濡目染中接受慈善文化的熏陶。首先，独特鲜明的标识可以突出慈善发展理念，所以从化区创建了“从化区慈善会”标识，设计具有从化特色的会徽，以“乡村振兴　从善而行”为主题，引领人人“从善而行”新风尚。其次，建立慈善公共场所有助于民众潜移默化地接受宣传，从化区申报并成立了4个慈善广场、3个慈善社区、5个慈善公园、4个慈善乡村，其中，文化公园广场被评选为“2017年度广州十大慈善标志”，同时在慈善公园河岛公园LED荧屏定时播放慈善宣传片，10个扇形文化墙宣传《中华人民共和国慈善法》。

（五）慈善+志愿，微公益助力慈善品牌化

互联网时代加速了项目品牌化的进程，人们通过互联网足不出户就可以参与到慈善行动当中，不需要大的捐款金额，涓涓细流也能汇聚成慈善的力量，微公益的理念也渗透到公益行动当中。慈善项目品牌化不仅能够提高项目的知名度，还能汇聚多方力量，增强项目的吸引力，吸引更多社会力量进入项目，推动慈善事业的发展。

在这样的背景下，从化区推出“如愿行动”众扶互助平台。这个平台充分利用了互联网、物联网和区块链的技术，让全区困难群体多了一个实现心愿的渠道。积“微”薄之力、聚众善之心，凝聚更多的社会力量参与志愿服务，体现了微公益的理念。平台主要通过深入城乡社区收集逆境群体（贫困户、贫困家庭、困境儿童、留守儿童、孤寡老人、残疾人等）的迫切需求（微心愿），按照“互联网+慈善+志愿+N”的启航模式，利用互联网的传播扩散，向全社会热心人士、爱心机构募集款项和物资。平台通过发起—对接—核实—审核—发布—众筹（款、物）—拨付—采购—交付—点亮（心愿）的严谨、高效、简便、规范的审核过程，实现需要帮助人群的“微小”心愿。

“如愿行动”的启动，让公益和志愿成为随手可触的习惯，尤其是在今

天移动互联网时代的新公益潮流下，人人从“善”如流。截至2020年7月22日18时，“如愿行动”众扶互助平台已发布177个心愿，137个心愿已被成功认领，113个心愿已被成功点亮，共946人次奉献了爱心。从化区慈善会接收善款37961.38元，完成拨付24666.77元，成功纳入心愿基金9663.39元，正在众筹中的40个微心愿已筹善款1595.18元。

在此基础上，从化区还将不断升级完善平台，创新“如愿行动+党建”“如愿行动+企业责任”“如愿行动+社会组织”等模式，动员社会参与，对接社会资源，畅通行善渠道，打造成为公开透明、便捷参与的众扶互助平台，形成参与度高、颇具实效、颇有内涵的志愿服务特色品牌。

（六）慈善+社区+社工，共建共治共享

社区是基层治理的最小单元，乡村社区亦是如此。为激发村民参与乡村治理的内生动力，搭建村民交流互动、共同协作的平台，强化村民议事规则意识，从化区民政局深化乡村社工站服务创新，充分发挥社工站及社工服务在乡村治理中的积极作用，形成了社区、社工站、志愿者、村民多元主体参与乡村治理的格局。

从化区江埔街凤二村社工站是从化区开展的村级社工站试点之一，社工站重点关注农村留守老人、留守妇女、留守儿童以及困难群众，了解他们的需求和特长。平日里，社工们为低收入家庭提供理财服务，教他们如何使财产增值保值；针对留守老人，社工们侧重于帮助他们提高防诈骗意识。在疫情期间，针对村里留守困境儿童开办“乡村学堂”，社工站采取社工、村委与志愿者三方联动，通过入户辅导、小规模集中辅导等方式解决孩子们的学业问题；还建立了“心灵悄悄话信箱”与“成长话语展示墙”，使孩子们听到自治成长的声音，给他们心理上的关怀；针对留守老人，社工们在疫情期间累计入户探访老人110人次，赠送口罩100余个，洗手液22瓶，健康指导10人次，协助买菜16人次，为夯实农村防疫筑起“堡垒”。

社工站不仅服务群众，还改变了原有的单向扶助模式，号召被扶助对象参与乡村慈善事业，提高当地民众的积极性与参与感。凤二村社工站牵头打

造并负责运营从化区首家社区社会组织培育孵化基地，培育并打造了凤二村花木兰志愿服务队和花木兰乡村艺术团两个社区社会组织。社工站的工作人员在服务过程中发现农村的留守妇女、儿童、老人不仅仅是被服务的对象，她们对乡村的热爱与对美好生活的憧憬使她们具有热情善良、无私奉献的品质，她们愿意参与到乡村建设当中，成为乡村治理体系改革的内生力量。所以社工站将这些有个人技艺以及服务热情的村民们组织起来，成立了以上两支队伍，发挥“巾帼力量”，虽然成立不久，但是两支志愿团队都“从群众中来，到群众中去”，体现了“居民自治”的特点，受到了当地群众的欢迎。她们是凝聚乡村力量、激活农村活力的重要尝试，担负着服务乡村社区的重要使命，将在村党支部的引领下利用社区社会组织培育基地，培育孵化更多的志愿服务、社区文化以及社区发展的社区社会组织。

二　从化区推动慈善事业发展的几点经验

（一）社区为本，引导慈善服务基层群众

社区慈善是广州的一大特色，近年来，广州一直积极推动社区慈善事业的发展。《广州市人民政府关于促进慈善事业健康发展的实施意见》明确提出：“扶持发展社区互助型、服务型慈善组织，鼓励建立慈善互助或设立互助基金，推动社区慈善发展。”2016 年广州市民政局印发了《关于培育发展社区社会组织的意见》，提出“到 2020 年，实现每个街（镇）有 1 个社区社会组织联合会，每个区打造 1 个以上品牌社区社会组织，常住人口每万人拥有 5 个以上社区社会组织的发展目标，基本形成功能齐全、服务完善、运作规范、作用明显的社区社会组织管理体系和运行机制，进一步提高城乡基层社会治理水平”。从化区大力发展社区慈善事业，通过下沉慈善资源到社区的方式，构建社区慈善网络，使慈善工作更有针对性，更加贴近群众。

从化区慈善会开展的关注困难群体的“弱有众扶项目”“如愿行动项目”，关爱老年人的“情暖夕阳项目”，关爱留守困境儿童的“牵手行动项

目”，助学助教方面的“扬帆助学项目”等项目都以社区为执行单位开展，做到了项目贴近民生，组织富有人情，为社区群众谋福利，关注社区群众与区域慈善共同成长，在为民服务的同时通过基层社区孵化了公益项目。

（二）技术赋能，推动“慈善+互联网”战略实施

互联网工具的引入对于慈善事业的发展起到了重要作用。从化区通过互联网提升了捐赠信息的透明度，提高了项目众筹的便捷程度，扩大了慈善活动的宣传声量。在互联网慈善方面，从化区进行了积极探索。一是“从善网”官方微信公众号集项目发布、新闻发布、信息推送于一体，为广大爱心人士提供了更为方便直接的捐赠平台。“从善网”微信公众号自2019年5月开通以来，共发布推文80余篇，有效传播慈善信息。未来，从化区慈善会将进一步开发微信公众号其他功能版块，运营走向规范化，让指尖上的慈善更加透明便捷。二是以“线上+线下”的方式为项目众筹，线上借助广益联募及腾讯99公益日平台，线下开展“社区嘉年华”等形式多样的慈善活动。此外，从化区还大力推广“如愿行动”众扶互助平台，由镇街社工站社工、志愿者收集困境群体的愿望与需求，在互联网平台上传播扩散，希望社会热心人士、爱心机构等认领愿望，筹集款项和物资，最后由社工、志愿者把困难群众需求的物资送货上门，满足困难群众的“微心愿”。三是开通“从化区慈善会”抖音号，通过抖音号发布慈善活动，集聚粉丝数量，让更多的市民关注慈善，汇聚更多爱心人士从善而行。抖音号的开设与运营有助于提高慈善消息到民众的触达率，“一微一抖”的布局也便于组织管理。

三　未来发展建议

一是要强化党建引领。在每个社区开辟公共区域用于党建党宣，在原有的公共慈善文化角落也加入红色力量的宣传，做到“慈善+党建”融合发展。此外，还应当吸纳民主党派的力量，让民主党派的热心人士参与到社区

慈善建设当中，心系群众，用行动诠释民主党派与人民群众手牵手，与党携手同行，为脱贫攻坚贡献重要力量。

二是要加强慈善组织建设。首先需要进一步加强制度建设。从化区要严格按照《中华人民共和国慈善法》的要求开展工作，增强制度的执行力。通过加强制度建设，使慈善工作走上规范化、法治化、科学化的轨道。其次，从化区已成立的慈善组织要不断完善自身建设，不断提升组织能力建设水平。此外，应加大慈善人才培养力度，特别是结合乡村振兴战略，培养一批视野开阔、跨界协作能力强的慈善专业人才，这对于从化慈善事业持续发展具有重要作用。

三是加强新技术在慈善领域的应用。从化区出台创新驱动 2018～2020 三年行动计划，依托从化区政府对科技的重视以及科技事业的发展，慈善行业应该主动拥抱新技术，推动公益慈善类社会组织改革创新。引导社会组织创新运作方式，深化“互联网 + 慈善”战略，利用技术提高慈善动员和管理水平。

年度热点篇

Focal Topics

B.12

“社工+慈善”融合发展的广州实践

梁灼彪*

摘　要： 社区慈善一直是广州慈善体系的重要组成部分。随着社区多元治理创新的推进，广州市民政局制定印发了《广州市实施“社工+慈善”战略工作方案》，从设立社区慈善捐赠站点、发展社区慈善基金（会）、实施“社区公益微创投”活动、建设社区联合劝募平台等九个方面予以系统规划。通过充分发挥遍布各镇街的社工服务站平台功能，促进社会工作与慈善事业融合发展，激发基层社区活力，引导社会资源下沉基层社区，更好服务基层群众，推动广州在营造共建共治共享社会治理格局中走在全国前列。

* 梁灼彪，广州社会组织研究院研究人员。

关键词： 社会工作　社区慈善　融合发展

一　“社工 + 慈善”战略出台的背景

广州市的社会工作服务起步较早，无论是民办社工机构数量、持证社工人数还是政府购买社会工作服务资金投入规模，均居于全国前列。在社会工作领域，广州市也出台了一系列法规和政策，包括《广州市社会工作服务条例》《广州市社工服务站（家庭综合服务中心）管理办法》《广州市社会工作服务项目目录管理办法》等。其中，社工服务站基于“113X”模式设置服务项目①，主要提供补救性、支持性、预防性、发展性等多个方面的专业服务。特别值得关注的是，广州市第十五届人民代表大会常务委员会第十四次会议于 2018 年 5 月 30 日通过了《广州市社会工作服务条例》，已于 2019 年 1 月 1 日施行。

社工服务站是在广州市各街镇设置，以服务困境群体为主，以家庭为本，以社区为基础的专业社会工作服务平台。截至 2019 年 12 月，广州市已在 174 个街镇设立了 201 个社工站，基本实现了全市街镇社会工作服务全覆盖。② 社工站的全覆盖为社区慈善的发展提供了良好载体和基础。在广州市大力推进共建共治共享社会治理格局营造以及创建全国“慈善之城”的背景下，为了有效激发基层社区活力，引导社会资源、服务等下沉基层社区，更好服务基层群众，广州市启动实施“社工 + 慈善”战略，促进社会工作与慈善事业融合发展。

---

① “113X”模式具体内容包括：“1”个核心项目——强化党建引领社会工作服务，“1”个重点项目——突出辖区居民最迫切、最需要、最直接的社会工作服务，“3”个基础项目——夯实家庭、长者、青少年社会工作服务，“X”个特色项目——探索拓展多领域的社会工作服务。

② 《服务超 400 万人次！2019 年度广州社工服务数据发布》，大洋网，2020 年 1 月 9 日，https：//news. dayoo. com/guangzhou/202001/10/139995_ 53021773. htm。

二 "社工+慈善"战略的核心内容

《广州市实施"社工+慈善"战略工作方案》从设立社区慈善捐赠站点、发展社区慈善基金（会）、实施"社区公益微创投"活动等9个方面出发予以系统规划（见表1）。其中，广州市慈善会、广州市善城社区公益基金会还专门制定了《广州市慈善会社区慈善基金合作服务指引（试行）》和《广州市慈善会社区慈善捐赠站点合作服务指引（试行）》。

表1 "社工+慈善"战略工作方案要点

重点方向	具体内容
健全社区"社工+慈善"制度体系	制定涉及社区慈善捐赠站点、社区慈善基金、社工站项目督查和评估办法等制度文件，加强规范管理，营造合法、规范、专业的发展环境，推动形成具有广州特色的"社工+慈善"制度体系。
设立社区慈善捐赠站点	基于社工服务站（家综）这一平台，推动形成下沉社区、广泛覆盖的慈善捐赠网络。
发展社区慈善基金（会）	街镇等多元主体可通过在广州市慈善会或具有公开募捐资格的慈善组织设立专项基金，成立社区慈善基金。
打造"社工+慈善"品牌服务项目	围绕社区实际需求和重点服务领域，开发和设计各类慈善服务项目，由社区基金（会）为项目的开展实施提供一定的资金支持。
实施"社区公益微创投"活动	依托社区基金，定期举办"社区公益微创投"活动，广泛征集社区迫切需要解决的"急难愁盼"问题，发动社会各界力量，链接社会多元资源，积极予以回应和解决。
建设社区联合劝募平台	通过与广州市慈善会或具有公募资格的其他慈善组织合作，在广益联募等互联网公益平台支持下，为社区基金和社区慈善捐赠站点的服务项目提供便捷化的网络募捐服务。
推动社区志愿服务	以广州市公益"时间银行"为平台，大力推动社区志愿服务事业发展，鼓励和引导社区成员以多种方式参与所在社区的志愿服务活动，逐渐形成可持续发展的社区志愿服务机制和模式。
完善评估和激励机制	从需求评价、绩效管理、跟踪反馈和监督检查四个方面综合评估社区慈善服务项目，通过慈善活动、联合募捐、定向捐赠和协议资助等方式，支持一批优质的项目。
加强专业人才培养	择机举办系列"社工+慈善"专题讲座，学习慈善相关政策法规，加大"社工+慈善"综合素质人才的培养力度，形成跨界合作的人才培养机制。

三 “社工+慈善”战略的实施进程

2019年4月，广州市慈善会首批4个社区慈善基金发起成立。这4个社区慈善基金包括广州市慈善会圆梦光塔社区慈善基金、广州市慈善会赤岗街社区慈善基金、广州市慈善会五山街社区慈善基金、广州市慈善会金沙街社区慈善基金。此外，广州充分发挥街镇社工站（家庭综合服务中心）的平台作用，在镇街设立慈善捐赠站点，发动街镇、村居、慈善组织、社工机构、志愿者团体、企事业单位和居民等各方力量，链接社会资源，充分发挥慈善在保障民生中的支持作用，回应社区需求。

此外，广州市当前已成立广州法泽社区公益基金会和广州市善城社区公益基金会2家社区基金会。法泽社区公益基金会重点关注流动人口社区服务和社区治理创新。善城社区公益基金会由广州市慈善会发起，重点工作包括三个方面：第一，孵化社区慈善基金，结合广州市各社工站的优势，支持其所在镇街、社区设立社区慈善基金；第二，多方筹募资源，资助社区服务项目，如社区居家养老环境改造项目等；第三，提升社区服务的能力建设，为社区慈善基金的建立和运营提供专业化支持服务。[①]

可以预见，“社工+慈善”战略的深入实施，一方面，可以为广州社会工作服务的创新发展，特别是社工服务站如何有效动员和整合社会资源，提供新的路径和方向，能够更加有效地回应社区多层次、多样化的服务需求，持续改善社区居民生活质量；另一方面，可以让广州“慈善之城”创建的社会基础更加深厚，人人参与的理念更加深入人心，进而推动广州在营造共建共治共享社会治理格局中走在全国前列。

① 李济慈：《广州市善城社区公益基金会成立》，《慈善公益报》2019年5月5日，https://www.csgyb.com.cn/organize/jijinhui/20190505/23145.html。

B.13

志愿服务制度化建设的广州经验与启示

邓榕兰*

摘　要： 党的十九大报告明确要求推进“志愿服务制度化”，党的十九届四中全会再次强调“健全志愿服务体系”。广州市推动志愿服务制度化的实践经验主要包括：不断加强市、区、街（镇）、村（居）四级志愿服务组织协同联动；完善相关法规政策，加强志愿者权益保障；注重品牌志愿服务组织和项目打造，发挥品牌示范带动作用；重视志愿者和志愿服务组织专业人才的培养，建立全过程的志愿者培训体系，提升志愿服务专业能力；充分利用信息技术为志愿服务赋能，打造公益“时间银行”，为志愿服务的精准化、精细化发展提供技术支撑。

关键词： 志愿服务　时间银行　广州市

一　志愿服务制度化建设的背景

党的十九大报告明确要求“推进诚信建设和志愿服务制度化，强化社会责任意识、规则意识、奉献意识”①。党的十九届四中全会再次强调“健

* 邓榕兰，广州社会组织研究院研究人员。

① 《习近平在中国共产党第十九次全国代表大会上的报告》，人民网习近平讲话数据库，2017年10月28日，http：//jhsjk. people. cn/article/29613660。

全志愿服务体系”，并将其作为坚持以社会主义核心价值观引领文化建设制度的重要内容。[①] 2019 年度，习近平总书记多次对志愿服务工作作出重要指示，为新时代志愿服务事业的发展提供了思想动力和根本遵循。[②]

近年来，广州的志愿服务工作在过往长期积累的基础上，不断适应社会需求的变化，围绕广州城市整体发展战略，积极引导志愿者参与社会治理创新，在志愿服务建设方面取得显著成效。2019 年 10 月，《中共广东省委全面深化改革委员会关于印发广州市推动“四个出新出彩”行动方案的通知》出台。在《广州市推动城市文化综合实力出新出彩行动方案》中进一步提出，深化全域文明创建，建设“志愿之城”。截至 2019 年底，广州市注册志愿者超过 297 万人，注册志愿服务组织及团体 12358 个，累计奉献志愿服务 5777 万小时，人均服务时间约 20 小时。[③]

二　广州志愿服务制度化建设的经验

第一，在志愿服务组织领导制度建设方面，按照《志愿服务条例》第五条的规定，广州市进一步理顺了相关部门职责，建立起了有效的统筹协调机制。[④] 2019 年 7 月，广州市精神文明建设委员会印发《关于进一步加强广州志愿服务建设的实施方案》，厘定志愿服务工作部门职责，明确广州市文明委负责志愿服务工作的统筹规划、协调指导和监督检查，广州市文明办负

---

① 《中共中央关于坚持和完善中国特色社会主义制度　推进国家治理体系和治理能力现代化若干重大问题的决定》，新华网，2019 年 11 月 5 日，http：//www. xinhuanet. com/politics/2019 - 11/05/c_ 1125195786. htm。

② 《习近平总书记对志愿服务工作重要指示》，人民网习近平讲话数据库，http：//jhsjk. people. cn/result？ keywords = % E5% BF% 97% E6% 84% BF% E6% 9C% 8D% E5% 8A% A1& year = 0&button = % E6% 90% 9C% E7% B4% A2。

③ 《十件大事回顾广州慈善 2019：注册志愿者近 300 万》，大洋网，2020 年 1 月 16 日，https：//news. dayoo. com/gzrbrmt/202001/16/158543_ 53034022. htm。

④ 《广州市志愿服务工作经验在民政部学习贯彻习近平总书记关于志愿服务重要指示精神座谈会上推广》，广州市民政局，2019 年 8 月 28 日，http：//mzj. gz. gov. cn/dt/mzdt/content/post_ 3110513. html。

责日常的统筹指导协调工作；广州市民政局负责全市志愿服务行政管理工作，统筹推进社区志愿服务工作（见表1）。2019年10月，由广州市文明委指导，广州市民政局牵头，会同广州市文明办、司法局、团市委等单位，启动了《广州市志愿服务条例》的修订工作，通过地方立法推动形成具有时代特征和广州特色的志愿服务法规体系。

表1　广州志愿服务工作相关部门职责

部门	职责
市文明办	负责志愿服务工作的日常统筹指导协调工作
市民政局	负责全市志愿服务行政管理工作，统筹推进社区志愿服务工作
团市委	负责青年志愿服务，并承担大型赛会、大型活动等集中统一行动的志愿服务工作
市委组织部、市委政法委、市直机关工委、市总工会、市妇联等	在各自的工作范围内组织做好志愿服务工作

第二，在志愿服务体系构建方面，在《广州市实施“社工+慈善”战略工作方案》发布后，广州继续推动建立市、区、街镇、村居四级志愿服务组织协同联动机制，提出“社工+慈善+志愿服务”策略，持续实现专业服务、慈善资源和志愿力量下沉基层社区，促进社区微公益模式建立。在此过程中，广州着力推进“党建+志愿者”新模式，按照广州市委构建“令行禁止、有呼必应”基层党建工作格局要求，动员引导广大党员积极参与城市基层治理与服务。①

第三，在志愿服务品牌打造方面，围绕社区服务需求，打造了一系列具有广泛社会影响力的志愿服务品牌项目。近年来，广州市全力打造以“广州街坊”为品牌的群防共治队伍，发挥志愿者在社区邻里守望、纠纷调解、震慑犯罪等领域的积极作用。各区涌现出“如意平安骑队”“白云快递小

---

① 《营造党建新格局志愿服务出新彩》，广州市志愿者协会微信公号，2019年7月2日，https：//mp. weixin. qq. com/s/ZYjd49xXB1Vav1eZJLtSZA。

哥”“秀全大妈”等近百个各具特色的基层社会治理子品牌。[1] 志愿者充分发挥社情民意“信息员”、邻里守望“巡防员”、矛盾纠纷“调解员”、平安法治“宣传员”等作用，成为平安羊城建设的重要力量。[2]

第四，在志愿服务支持和保障方面，依托广州市志愿者协会、广州志愿者学院以及遍布全市各街镇的社工站等平台，建立志愿服务培育体系，培育专业志愿服务队伍和志愿者。[3] 此外，因应志愿服务信息化、智能化发展态势，广州公益“时间银行”APP以及微信小程序在2019年8月正式上线并在全市推广使用。公益“时间银行”是整合政府和社会多元力量搭建的一个综合性志愿服务支撑平台，广州在志愿服务信息化建设方面又迈出了重要一步。公益“时间银行”平台通过设置“活动报名”“培训报名”“加入团队”“公益故事”“服务地图”等版块，具备了志愿服务信息发布、志愿服务时数记录、志愿服务积分存储、积分捐赠和兑换等多样化的功能，为志愿者、志愿服务组织及相关机构提供及时、便捷的信息服务。[4] 与此同时，为确保公益“时间银行”平台志愿服务真实、规范、透明，平台制定了《时间银行志愿服务时数记录及证明开具管理办法》《时间银行积分管理办法》等9项管理规范，引导志愿者、志愿服务组织及相关机构科学规范地开展志愿服务活动，保障志愿者的合法权益。

三　广州志愿服务制度化建设的启示

2019年8月，民政部印发了《关于学习宣传贯彻习近平总书记志愿服

① 《首届“广州街坊”品牌榜“白云快递小哥”等上榜》，金羊网，2019年4月25日，https://news.ycwb.com/2019-04/25/content_30246502.htm?utm_source=UfqiNews。

② 《逾110万人加入“广州街坊”群防共治队伍，一同守护羊城平安》，《南方都市报》2019年3月1日，http://pc.nfapp.southcn.com/38/1964301.html。

③ 《广州市志愿服务工作经验在民政部学习贯彻习近平总书记关于志愿服务重要指示精神座谈会上推广》，广州市民政局，2019年8月28日，http://mzj.gz.gov.cn/dt/mzdt/content/post_3110513.html。

④ 《广州公益时间银行正式上线　储存时间为爱“积分”》，中国文明网，2019年8月28日，http://www.wenming.cn/dfcz/gd/201908/t20190828_5235224.shtml。

务重要指示精神的通知》，强调各级民政部门要全面深入贯彻习近平总书记对志愿服务的要求，积极破解志愿服务发展难题，全力推动志愿服务事业再上新台阶。[①] 其中，特别要求贯彻落实好《中华人民共和国慈善法》和《志愿服务条例》，推动完善志愿服务政策法规，加强志愿服务标准化建设。

在推动志愿服务制度化进程中，广州的实践带给我们如下几点启示：首先，理顺相关部门职责，明确分工，同时带动市、区、街镇、村居四级志愿服务组织协同联动，充分发挥慈善联动资源、社工专业服务、志愿服务人力和规模等各方优势，为志愿服务制度化奠定组织及协作网络基础。并且，广州志愿服务始终坚持党建引领，积极参与城市的基层社区治理。其次，广州不断完善相关法规政策，加强志愿者权益保障，建立立体化的志愿服务发展支持体系，结合广州本土实际，特别注重品牌志愿服务组织和品牌志愿服务项目的打造，带动志愿服务整体品质的提升。再次，重视志愿服务人才的培养，建立全过程、系统化的志愿者、志愿服务组织培训体系，提升专业化能力。最后，广州充分利用信息技术为志愿服务赋能，打造公益“时间银行”，加强志愿服务信息管理，为志愿服务的精准化、精细化发展提供技术支撑。

① 《民政部关于学习宣传贯彻习近平总书记志愿服务重要指示精神的通知》，2019 年 8 月 2 日，http：//www. gov. cn/xinwen/2019 –08/02/content_ 5418265. html。

B.14
网络捐赠的兴起与电子捐赠票据改革

许雅惠*

摘　要： 传统纸质捐赠票据的开具存在人力成本高、办理时间长、办理手续繁琐等问题。电子捐赠票据具有可追溯、可查验、防篡改、防造假的优点，确保慈善组织每一笔捐赠收入透明，每一笔善款支出真实可信。电子捐赠票据的推广能够有效提升捐赠票据开具和送达的效率，推动各个慈善组织实现数据线上处理与对接，保障捐赠人的合法权益。

关键词： 慈善捐赠　电子捐赠票据　税收优惠

一　财政电子票据管理改革的背景

2017年6月，为了有效适应网络信息时代的发展趋势，积极推动财政电子票据管理改革，财政部印发了《关于稳步推进财政电子票据管理改革的试点方案》，提出实现财政电子票据开具、管理、传输、查询、存储、报销入账和社会化应用等全流程无纸化电子控制，建立全国财政电子票据信息共享和运用机制，构建更加科学、高效、便捷的财政票据管理体系等多项目标。[①] 2018年11月，为了深化“放管服”改革，做好“互联网+政务服

---

* 许雅惠，《广州社会组织》杂志编辑。

① 《关于印发〈关于稳步推进财政电子票据管理改革的试点方案〉的通知（财综〔2017〕32号）》，财政部，2017年6月9日，http://nmg.mof.gov.cn/lanmudaohang/zhengcefagui/201912/t20191209_3437976.htm。

务”工作，保障个人所得税改革的顺利开展，提升财政票据的监管效能，财政部又印发了《关于全面推开财政电子票据管理改革的通知》，提出将财政电子票据管理改革推广至所在地区的全部单位和全部财政票据种类。[①]

随着互联网公益的快速发展，慈善捐赠模式正在发生深刻变化，特别是网络捐赠参与人次与捐赠总量均呈增长态势。中国慈善联合会发布的《2019年度中国慈善捐助报告》显示，2019年，全国20家互联网募捐平台汇集的慈善捐赠超过54亿元，同比增长68%。在此背景下，电子捐赠票据的推广和普及势在必行。2019年4月，中国残疾人福利基金会在蚂蚁金服公益平台开出了首张推送至个人的电子捐赠票据。[②]

二　广州慈善组织电子捐赠票据的推行情况

在广州“慈善之城”建设推进过程中，一直将“人人慈善为人人”作为核心理念和目标，全力打造全民慈善格局，网络募捐同样得到迅速发展。特别是社区慈善基金和社区慈善捐赠站点的不断增加，以及广益联募等平台作用的逐步发挥，促进了微公益模式的发展，来自普通公众捐赠的善款规模逐年提升。

2019年3月22日，广州市妇女儿童医疗中心开出广东省首张医疗收费电子票据，标志着广州市财政电子票据成功上线。[③] 2019年9月17日，为了促进电子捐赠票据流转顺畅、传输安全、使用规范、查询便捷，达到高效和便民的双目标，进一步提升广州公益慈善组织在财务电子捐赠票据方面的业务能力，广州市民政局举办了专门面向广州市慈善组织进行的电子捐赠票据业务培训。广州市财政局安排培训讲师针对电子票据操作系统的建设背景

① 《财政部关于全面推开财政电子票据管理改革的通知（财综〔2018〕62号）》，中国政府网，2018年11月15日，http://www.gov.cn/xinwen/2018-11/15/content_5340693.htm。

② 《支付宝开出首张个人捐赠电子发票》，新华网，http://www.xinhuanet.com/gongyi/2019-04/14/c_137976291.htm。

③ 《广州市财政局积极开展财政电子票据管理改革试点工作》，广州市财政局，2019年4月26日，http://www.gz.gov.cn/xw/zwlb/bmdt/sczj/content/mpost_5515381.html。

和理念、操作界面、操作方式等版块进行系统讲解。[①] 2019 年 9 月 20 日，广州市民张先生通过广益联募平台向广州市慈善会“爱蕾行动童路相伴”项目捐赠 99 元，在填写相关信息后收到广东省公益事业捐赠统一票据（电子）。这是广州市开出的首张慈善领域电子捐赠票据，广州市慈善会成为全市首家具备开具电子捐赠票据功能的社会组织。

三　电子捐赠票据的优势与特点

第一，节省票据印制成本，提高票据开具效率。随着互联网慈善募捐的兴起及发展，来自普通公众的小额捐赠数量不断增加，以广州市慈善会为例，每年机打或者手写开具公益捐赠票据约 6 万多张。如果按传统纸质的捐赠票据开具，需要投入大量的人力。同时，遍布全国各地的捐赠人会导致纸质捐赠票据寄送费用增加。此外，传统的捐赠票据开具办理流程繁琐、周期较长。电子捐赠票据的应用可以有效缓解上述问题。

第二，使用电子捐赠票据可推动各个慈善组织实现数据线上处理与对接。基于传统纸质捐赠票据开具的公益捐赠数据统计环节，可能存在的不同机构统计标准不一及其他不可控的因素，款项、财物的流动信息未能及时获取，捐赠数据可能存在不对等、不透明的问题。电子捐赠票据的使用可以对财务数据进行数字化，便于收集挖掘分析，为财务管理提供决策依据。[②]

第三，捐赠电子票据的推广能够保障捐赠人的权益。以企业为例，有研究指出，按照《中华人民共和国企业所得税法》及其实施条例规定，企业分月或分季预缴企业所得税时不是即时得到税前扣除，需要待年度汇算清缴开始前分别填写《纳税调整项目明细表》（A10500）和《捐赠支出及纳税调整明细表》（A105070）后，方可实现税前扣除。因此，公益性捐赠税前

---

① 《广州市将率先全面推行慈善组织开具电子捐赠票据》，广州市民政局，2019 年 9 月 17 日，http：//mzj. gz. gov. cn/dt/mzdt/content/post_ 3110552. html。

② 《广州市将率先全面推行慈善组织开具电子捐赠票据》，广州市民政局，2019 年 9 月 17 日，http：//mzj. gz. gov. cn/dt/mzdt/content/post_ 3110552. html。

扣除耗时长、申请程序繁琐，一定程度上影响了企业捐赠积极性。[①]

此外，小额捐赠人参与捐赠，在只有纸质捐赠票据的情形下，由于慈善组织开具一张捐赠票据成本较高，并且涉及不少的快递费用，捐赠人一般倾向于放弃取得捐赠票据，按照《中华人民共和国个人所得税法》及实施条例，捐赠人应享受到的捐赠抵税的政策也难以实现。捐赠电子票据可以便捷、高效地送达个人，有助于推动更大规模的小额捐赠群体的形成。

① 周波、张凯丽：《促进慈善捐赠的企业所得税政策探析》，《税务研究》2020 年第 5 期，第 49～55 页。

B.15

慈善城市发展研究基地建设的几点思考

胡小军*

摘　要： 慈善城市发展研究基地落地广州以来，取得了一系列研究成果。为了更好地发挥研究基地的平台作用，下一阶段可着重支持开展慈善地方立法研究、慈善城市评价体系研究以及慈善城市国际比较研究，为全国城市慈善事业的发展提供科学的理论指导和决策参考，为中国特色慈善理论体系的构建做出积极贡献。

关键词： 慈善城市　慈善理论研究　广州市

一　慈善城市发展研究基地发起的背景

2018年11月，广州市民政局联合中国慈善联合会成功举办首届中国善城大会暨第五届中国城市公益慈善指数发布会。大会25个联合主办方共同发布《创建慈善城市·广州行动》，并启动了“慈善城市发展研究基地”。该基地由星河湾集团与广州市慈善会联合共建，将致力于推动落实《创建慈善城市·广州行动》，深入开展城市慈善事业的规律性、创新性和前瞻性研究，为全国城市慈善事业发展提供理论支撑、政策参考和实

* 胡小军，广州社会组织研究院执行院长，广州市慈善会理事。

践指导。①

为了充分发挥研究基地作用，2019 年 8 月 28 日，慈善城市发展研究座谈会在广州召开。会议审议通过了《慈善城市发展研究基地 2019—2020 年工作计划》。慈善城市发展研究基地将围绕慈善人才培养、课题研究、平台搭建、刊物出版等开展工作。② 具体内容包括：举办慈善人才培训班，培养一批管理型、领军型的城市慈善人才队伍，建立慈善城市人才专家库；支持各地开展城市慈善课题研究，梳理特色经验，总结发展模式；定期召开专题研讨会，共商慈善城市发展路径；发布研究成果，共享发展经验，展示城市慈善风采。

二　广州“慈善城市”研究取得的阶段性成果

2019 年 11 月，中国特色慈善理论与实践——慈善城市发展研究暨第三届慈善法律与政策研究年会在广州召开。年会围绕中国城市公益慈善指数的数据统计标准、慈善地方立法、《中华人民共和国慈善法》的实施困境等重要议题进行讨论。③ 2019 年 12 月，《广州公益慈善事业发展报告（2019）》暨《广州市 2018 年度区域慈善指数报告》发布会在广州召开，两份报告系统梳理了广州 2018 年度公益慈善事业发展态势，全面分析广州市及各行政区慈善事业发展情况。从 2018 年开始，广州公益慈善蓝皮书首次在社会科学文献出版社出版，这是国内第一本纳入社会科学文献出版社蓝皮书系列的城市公益慈善皮书。④《广州公益慈善事业发展报告》基于翔实的数据，对广州市各年度

① 《中国善城大会在广州召开　第五届中国城市公益慈善指数揭晓》，大洋网，2018 年 11 月 18 日，https：//news. dayoo. com/guangzhou/201811/08/139995_ 52355643. htm。

② 《共建有温度的城市，慈善城市发展研究座谈会在广州召开》，中国慈善联合会，2019 年 9 月 2 日，http：//www. charityalliance. org. cn/news/12701. jhtml。

③ 《中国特色慈善理论与实践——慈善城市发展研究暨第三届慈善法律与政策研究年会在广州召开》，中国政务，2019 年 11 月 8 日，http：//zw. china. com. cn/2019 - 11/08/content_ 75388045. html。

④ 《〈广州公益慈善事业发展报告（2019）〉〈广州市 2018 年度区域慈善指数报告〉发布》，广州市人民政府，2019 年 12 月 20 日，http：//www. gz. gov. cn/xw/zwlb/bmdt/smzj/content/post_ 5565457. html。

慈善事业发展情况进行了全方位的透视和解析。

此外，广州市慈善组织社会监督委员会在2019年度还组织编写并出版了《慈善组织透明度指标构建与应用：基于广州数据的分析》一书，对我国慈善组织透明度评估现状进行分析，对广州地区慈善组织透明度评价指标体系的设计及方法等进行了详细介绍。类似的研究及出版从不同角度呈现了广州市在创建全国“慈善之城”实践中的经验和做法，为其他城市推动现代慈善事业创新发展提供了有益参考。

三 “慈善城市”研究助力中国特色慈善理论体系建设

党的十八大以来，各级政府出台了一系列鼓励慈善事业发展的政策措施。我国逐步形成了以《中华人民共和国慈善法》为核心，以《中华人民共和国公益事业捐赠法》《中华人民共和国企业所得税法》《中华人民共和国个人所得税法》为补充的慈善法律体系，由《基金会管理条例》《志愿服务条例》等构成的慈善法规体系。[①] 在推进现代慈善事业发展进程中，慈善研究的重要作用日益凸显。《中华人民共和国慈善法》“第九章第八十八条促进措施”专门提出“支持高等学校和科研机构开展慈善理论研究”。当前，慈善研究机构大多在高校层面设立，例如清华大学、北京师范大学、中国人民大学、上海交通大学等高校均成立了慈善研究机构。与此同时，一些具有社会智库特征的慈善研究机构或平台近年来也得到了较快发展。自“慈善城市发展研究基地”发起以来，研究成果初显。为了更好地发挥研究基地的平台作用，下一阶段可着重支持开展如下研究工作。

第一，支持开展慈善地方立法研究。在《中华人民共和国慈善法》实施后，如何有效推动地方慈善立法，破解仍旧制约慈善事业持续发展的众

---

① 陈劲松：《中国成为全球网络慈善重要力量》，《人民日报》（海外版）2019年1月15日，第3版。

多难题，成为社会各界关心的重要议题。广州在慈善地方立法方面具有丰富的经验和实践。早在 2012 年，广州就已出台《广州市募捐条例》，在全国省会城市中率先开放公募权。2019 年 1 月 1 日起施行的《广州市社会工作服务条例》成为全国首个社会工作服务领域的地方性法规。在《中华人民共和国慈善法》《志愿服务条例》等法律法规出台实施后，广州市积极推动《广州市慈善促进条例》《广州市志愿服务条例》的修订工作。因此，对广州地方立法经验进行深入研究和总结，对于促进广州及其他城市慈善地方立法具有很强的现实意义。

第二，支持开展慈善城市评价体系研究。《中华人民共和国慈善法》实施以来，中国公益慈善事业发展呈现很多新的特征，特别是互联网公益的快速发展对整个慈善生态带来深刻影响。在此情况下，城市慈善事业发展水平的评价理论、方法等也需要与时俱进，与现代慈善事业的整体发展要求和趋势相适应。因此，建议在对“中国城市公益慈善指数”等国内已有评价体系的应用情况进行科学分析的基础上，鼓励和支持更多研究机构引入新的评价理念、技术和工具，对中国城市慈善发展状况开展更加全面的评价。

第三，支持开展慈善城市国际比较研究。联合国《新城市议程》提出“人人共享的城市”这一共同愿景。在仲量联行发布的 2019 年全球最具活力城市 20 强榜单中，9 个城市来自中国，广州位列第 10 位。[①] 因此，开展慈善的国际比较研究成为慈善研究领域的一个重要方向。广州作为国际商贸中心和综合交通枢纽，城市国际化水平不断提升。依托广州的地缘优势，慈善城市发展研究基地可支持更多慈善城市国际比较研究课题的开展，基于全球视野，借鉴国际先进经验，促进中国城市慈善事业的健康发展。

第四，关于慈善城市发展研究基地的运作模式，建议在推动中国慈善城

① 许蕾：《全球最具活力城市 20 强榜单公布：广州位列第十》，《南方日报》2019 年 2 月 22 日，第 ZB07 版。

市建设大的战略指引下，立足广州，面向国际，注重与国内外慈善行业组织、高等院校、资助型基金会等形成网络化的合作模式，产出高质量的慈善研究成果，以期更好地服务党委政府决策、服务慈善行业发展。同时，应立足长远，加大对慈善领域研究人才的培养和支持力度，不断提升公益慈善领域研究的整体能力和水平。

B.16

粤港澳大湾区慈善常态化交流机制构建的探索与实践

许雅惠*

摘　要： 2019年2月，《粤港澳大湾区发展规划纲要》正式发布，其中特别提出“研究建立粤港澳跨境社会救助信息系统，开展社会福利和慈善事业合作”。随着粤港澳大湾区建设的加快推进，慈善事业发展也迎来新的重要机遇。作为大湾区区域发展的核心引擎之一，广州市积极推动大湾区慈善交流合作，助力“人文湾区”建设，并取得了良好反响，为下一阶段大湾区慈善事业的交流合作奠定了基础。

关键词： 粤港澳大湾区　慈善事业　协同发展

一　粤港澳大湾区慈善事业合作的政策基础

2019年2月，中共中央、国务院印发了《粤港澳大湾区发展规划纲要》，这是指导粤港澳大湾区当前和今后一个时期合作发展的纲领性文件。“共享发展，改善民生”是《粤港澳大湾区发展规划纲要》的基本原则之一。该文件强调：“提高保障和改善民生水平，加大优质公共产品和服务供给，不断促进社会公平正义，使大湾区居民获得感、幸福感、安全感更

* 许雅惠，《广州社会组织》杂志编辑。

加充实、更有保障、更可持续。”该文件对“促进社会保障和社会治理合作”进行了阐述，强调“研究建立粤港澳跨境社会救助信息系统，开展社会福利和慈善事业合作”①。

2019年7月，广东省委、省政府印发《关于贯彻落实〈粤港澳大湾区发展规划纲要〉的实施意见》以及《广东省推进粤港澳大湾区建设三年行动计划（2018—2020年）》。《关于贯彻落实〈粤港澳大湾区发展规划纲要〉的实施意见》提出：“拓展与港澳在教育、文化、旅游、创业、医疗、社会保障等领域合作，积极引进港澳优质公共服务，完善便利港澳同胞在大湾区内地发展的配套政策，构建与国际接轨的公共服务体系，共同打造宜居宜业宜游的优质生活圈。”②

在粤港澳大湾区建设快速推进的背景下，香港、澳门和珠三角的经贸合作和跨境交流进一步强化，社会流动的增多带来包括养老、儿童教育等社会服务需求的不断增加，社会资源的介入及公益慈善组织的作用愈发重要。长期以来，大湾区的公益慈善组织之间保持着积极的交流与互动，这为进一步的深入合作奠定了良好基础。因此，促进粤港澳大湾区各城市间公益慈善组织在社会救助、慈善事业、社会工作、养老服务、社区综合服务、志愿服务等领域的深化合作，建立常态化的合作交流机制具有很强的现实意义。

二 推动大湾区慈善事业交流合作的广州实践

2019年1月8日，首届“粤港澳大湾区社会组织合作论坛”在广州举办。合作论坛由广州社会组织研究院和深圳社会组织研究院联合主办，广州市社会组织联合会、深圳国际公益学院等10余家大湾区知名社会组织共同协办。在论坛上，大湾区社会组织代表本着开放合作、多元包容、共建共享的原则，

① 《中共中央国务院印发〈粤港澳大湾区发展规划纲要〉》，中国政府网，2019年2月18日，http://www.gov.cn/gongbao/content/2019/content_5370836.htm。

② 《省委、省政府印发关于贯彻落实〈粤港澳大湾区发展规划纲要〉的实施意见》，广东省人民政府，2019年7月5日，http://www.gd.gov.cn/gdywdt/gdyw/content/post_2530491.html。

在基于自愿、不具约束力基础上，共同提出八项行动倡议，致力于搭建协作平台，推动大湾区社会组织在专业人才培养、项目对接与服务协作、行业组织建设、携手参与“一带一路”建设等方面实现广泛合作。合作倡议产生了良好反响，为下一阶段大湾区社会组织的交流合作奠定了一定基础。

2019年3月29日，首届“粤港澳大湾区城市民政部门联席会议”在广州举行，来自大湾区各城市的与会各方签署了《粤港澳大湾区城市民政事业协同发展合作框架协议》，经协商，大湾区城市共同开展“促进粤港澳大湾区城市民政事业协同发展行动”，包括开展共同提升养老服务质素、探索开展特殊群体互助关爱行动、探索推进社会组织交流合作、推进社会工作交流合作、探索推动自愿性社会服务、探索开展慈善事业共建共享行动、探索开展民政及社会福利部门专业人才共育行动、开展养老机构扶持助力行动、有序实施义务工作拓展提升行动、探索开展民政及社会福利领域深度共研行动、探索推动体制机制共建共享行动11项共同行动项目。框架协议的签署以及协同发展行动的开展，为粤港澳大湾区民政工作协同合作发展提供了具体可操作的指引。[①]

2019年9月1日，“粤港澳大湾区慈善事业透明发展高峰论坛”在广州举办。论坛发起粤港澳大湾区慈善组织透明发展倡议，号召广大慈善组织不断加强信息公开能力建设，构建公开透明、干净行善的粤港澳大湾区慈善环境。[②] 2019年12月26日，“2019粤港澳大湾区社会影响力暨广州慈善盛典”在广州拉开帷幕，来自粤港澳大湾区各城市的政府部门代表、企业代表、专家学者及热心公益慈善事业的人士齐集广州，共同见证《2019粤港澳大湾区企业社会影响力报告》、2019年度粤港澳大湾区社会影响力榜、2019广州慈善榜的发布。[③]

由上可见，大湾区慈善事业交流合作机制的构建除了表现为共同发起多

---

① 《港澳大湾区城市民政部门联席会议在广州召开》，金羊网，2019年4月2日，http：//news. ycwb. com/2019 －04/02/content_ 30232033. htm。

② 《广州发布2018年度慈善组织透明度榜单》，新华网，http：//www. gd. xinhuanet. com/newscenter/2019 －09/03/c_ 1124951130. htm。

③ 《首届粤港澳大湾区社会影响力暨广州慈善盛典在穗举行》，广州市民政局，2019年12月31日，http：//mzj. gz. gov. cn/dt/mzdt/content/post_ 5567041. html。

样化的论坛等相关活动外，在慈善项目合作、联合行动方面也有了实质性的推进，特别是《粤港澳大湾区城市民政事业协同发展合作框架协议》的签订为大湾区慈善事业的合作提供了更具制度化的路径。

三　完善大湾区慈善常态化交流机制的建议

大湾区各城市间的社会福利政策及供给模式存在不少差异，公益慈善组织的专业能力及发展水平不一。因此，为了更好地推进大湾区慈善事业协同发展，在定期举办论坛等交流活动的基础上，可在如下四个方面做出进一步的探索。

第一，探索大湾区慈善领域专业人才联合培养模式。专业人才是公益慈善行业高水平发展的基础，同时也是各慈善组织交流合作的桥梁。在粤港澳大湾区慈善事业合作中，可探索建立人才联合培养机制，整合大湾区优质教育资源，共同开发专业课程体系，培养具有宽广国际视野、扎实专业能力和富有创新精神的公益慈善人才。

第二，推进大湾区慈善行业信息共享。积极探索建立粤港澳大湾区公益慈善行业信息沟通交流和共享机制，包括跨境社会救助信息、多元养老服务信息、志愿服务信息等。同时，应发挥大湾区高校聚集的优势，充分发挥社会智库作用，加强慈善理论和政策研究，为大湾区慈善事业协同发展提供理论支撑，促进大湾区现代慈善发展经验的推广和传播。

第三，促进大湾区公益慈善及社会服务领域的项目合作，特别是在养老服务、困境儿童及其家庭支援、外来人口社会融入以及其他弱势社群关爱等方面，大湾区公益慈善组织应进一步加强合作，以项目为载体带动公益慈善组织之间的全方位合作。

第四，在推动大湾区慈善事业合作过程中，需要积极发挥慈善行业组织的作用。广州、深圳等地均已成立了区域慈善行业组织，例如广州市公益慈善联合会、深圳市慈善事业联合会等。慈善行业组织在促进大湾区慈善组织交流与合作中能够发挥重要的桥梁纽带作用，通过行业组织之间的密切合作带动更多慈善组织的参与。

附　　录

Appendices

B.17
2019年度广州公益慈善十件大事

一　广州市慈善组织深入开展“不忘初心、牢记使命”主题教育

2019 年 9 月以来，广州市慈善组织党组织积极参加第二批“不忘初心、牢记使命”主题教育，积极参加社会组织党组织负责人“不忘初心、牢记使命”主题教育培训班，深入学习贯彻习近平总书记关于“不忘初心、牢记使命”主题教育重要论述精神，增强慈善组织党员政治理念，提升慈善组织服务国家、服务社会、服务行业、服务社会的能力，切实为困难群众办实事、解难事。

二　成立公益“时间银行”，推动志愿服务工作创新发展

广州深入学习贯彻习近平总书记关于志愿服务重要指示精神，推动志愿

服务工作创新发展。6 月底，启动《广州市志愿服务条例》修订工作，为广州市志愿服务事业发展提供强有力的法律支撑。同时，大力推广公益“时间银行”，鼓励志愿者、志愿服务团队、企业等主体积极参与志愿服务，按照 1∶1 的比例将志愿服务时数转换为时间积分，用于兑换服务和物资，并倡导志愿者将时间积分捐赠给有需要的人兑换服务和物资，实现“二次公益”，为爱加分。截至 2019 年底，广州市注册志愿者超过 297 万人，注册志愿服务组织及团体 12358 个，累计奉献志愿服务 5777 万小时，人均服务时间约 20 小时。

三　成立社区慈善基金（会）和社区慈善捐赠站点，推动“慈善 + 社工 + 志愿服务”融合发展

4 月 30 日，广州印发《广州市实施“社工 + 慈善”战略工作方案》，打造具有特色的“社工 + 慈善”制度体系。全年设立 35 个社区慈善基金（会）和 201 个社区慈善捐赠站点。印发《广州市社工服务站（家庭综合服务中心）项目评估办法》，规范社工服务站评估工作。印发《广州市社会工作服务项目目录管理办法》，加强社工服务统筹管理。11 月 25 日，举办 2019 年穗深港澳四地慈善、社工、志愿服务协同发展研讨会，推进粤港澳大湾区社会福利与慈善事业合作。系列举措推动慈善资源下移社区，助力民生保障和社区治理出新出彩。

四　广州市公益慈善组织积极参与关爱困境儿童

六一儿童节前夕，广州市公益慈善组织认真贯彻落实习近平总书记对民政工作的重要指示精神，聚焦困境儿童等特殊群体，充分发挥专业优势，陆续推出“相伴成长、童庆六一”关爱困境儿童系列活动共 10 场次，实施“法治童行”反校园欺凌系列公益项目、“乐响山区”广州市偏远农村幼儿音乐传播公益服务项目、司法领域困境儿童社会组织关爱服务路径探索研讨

会、“筑梦书房”广州市困境儿童家居学习环境改造项目等公益慈善项目，10场活动共联动19家公益慈善组织、32家企业共同参与，惠及1910名困境儿童。

五　广州市2019年“广东扶贫济困日”活动捐赠再创新高

6月30日，广州市2019年“广东扶贫济困日”活动启动仪式举办，社会各界认捐款物达6.57亿元，创历史新高，认捐10万元以上的爱心企业、爱心人士达212个，比去年增长39%。在全省2018年度“广东扶贫济困红棉杯”评选中，广州市有82个单位和个人获得红棉杯奖，占全省获奖总数近1/4。

六　积极响应粤港澳大湾区发展战略，开展湾区慈善交流合作

围绕粤港澳大湾区发展战略，广州积极开展粤港澳大湾区慈善事业交流合作。8月23日，广州成立粤港澳大湾区社会影响力研究基地，推动组建湾区“社会影响力专家库”；9月1日，举行“粤港澳大湾区慈善事业透明发展高峰论坛”，广州市慈善组织社会监督委员会发起粤港澳大湾区慈善组织透明发展倡议，呼吁加强粤港澳慈善组织透明度信息交流；12月26日，举办“首届2019粤港澳大湾区社会影响力暨广州慈善盛典”，发布《2019粤港澳大湾区企业社会影响力报告》，为2019年度广州慈善榜及首届粤港澳大湾区社会影响力榜上榜者授牌，其中，2019年度广州慈善捐赠榜总金额达9.7亿元，创下历年捐赠榜新纪录。

七　成立慈善城市发展研究基地委员会，深化慈善城市理论研究

8月28日，广州牵头成立慈善城市发展研究基地委员会，20多个城市

的慈善会（慈善联合会）担任成员。在研究基地的推动下，广州先后举办了慈善城市发展研究座谈会和慈善城市发展研究暨第三届慈善法律与政策研究年会，发布《广州公益慈善事业发展报告（2019）》《广州市2018年度区域慈善指数报告》，推动广州慈善理论研究工作迈上新台阶。

八　广州公益人罗志勇当选 CCTV 年度慈善人物

9月5日，广州金丝带联合创始人、副理事长、总干事罗志勇荣获“CCTV 年度慈善人物”。13年来，罗志勇和团队累计服务10595个家庭，开展康复者家庭活动36场，开展住院游戏服务2615场，为2万多人次的患儿提供游戏服务，实现患儿愿望2055个，参与志愿者（义工）人次36850人次，服务时数合计151770小时。

九　广州全面推行公益慈善电子捐赠票据

9月17日，广州市面向全市慈善组织举办慈善组织电子捐赠票据业务培训，全面推行慈善电子捐赠票据，打通慈善电子捐赠票据系统与捐赠平台的渠道。9月20日，广州市慈善会开出全市首张公益慈善领域电子捐赠票据，成为全市首家具备开具电子捐赠票据功能的社会组织，受到行业高度关注，广大慈善组织先后启动电子捐赠票据功能开发。开具电子捐赠票据不仅可以解决传统捐赠票据开具方式带来的财务人员投入时间精力多、票据邮寄成本高、开票流程繁琐和周期长等问题，还可以对财务数据进行统计分析，为财务管理提供决策依据，发展小额捐赠人，增强市民捐赠意识。

十　广州市公益慈善联合会换届，新一届理事会中公益慈善组织占比超九成

10月31日，广州市公益慈善联合会召开换届大会，选举产生新一届理

事会、监事会成员，新一届理事会共有33名成员，其中30名为公益慈善组织代表，占比超九成。自成立以来，广州慈联实施“善知学园计划”和“慈善读本进校园”项目，研发全国首个区域慈善指数报告，助力创建“慈善之城”。同时，开展“善行天下”体验之旅，多次走向“一带一路”沿线国家，逐步发展成为具有一定影响力的慈善行业联合组织。2019年5月，广州慈联当选为中国慈善联合会新一届常务理事，成为唯一一个市级公益慈善联合会常务理事单位。

B.18
2019年度广州市公益慈善法规政策文件

广州市慈善会广州市善城社区公益基金会关于印发《广州市慈善会社区慈善基金合作服务指引（试行）》《广州市慈善会社区慈善捐赠站点合作服务指引（试行）》的通知

穗善会〔2019〕16号

各区慈善会、各相关社会组织：

为广泛动员社会资源，建立社区募捐长效机制，推动广州慈善事业发展，依据国家有关法律、法规和广州市慈善会章程，广州市慈善会、广州市善城社区公益基金会制定了《广州市慈善会社区慈善基金合作服务指引（试行）》、《广州市慈善会社区慈善捐赠站点合作服务指引（试行）》，现予印发。请在与广州市慈善会合作开展社区基金、社区捐赠站点项目时遵照执行。

特此通知。

广州市慈善会　广州市善城社区公益基金会

2019年4月28日

广州市慈善会社区慈善基金合作服务指引（试行）

第一条　为贯彻落实市委市政府关于创建“慈善之城”和实施“社工+”战略的决策部署，根据《中华人民共和国慈善法》《慈善组织公开募捐管理办法》等相关规定，结合工作实际，制定本指引。

第二条 广州市慈善会社区慈善基金（以下简称“社区慈善基金”）是以慈善为目的，以参与社区治理、支持社区服务、推动社区健康发展为主要领域，在广州市慈善会设立的用于广州市社区慈善服务的专项基金。

第三条 社区慈善基金可由捐赠人、街道办事处（镇政府）、社区（村）居委会、承接驻地社工站的社工机构、慈善组织、志愿（义工）团体、爱心企业、居（村）民代表等自主、自愿发起申请设立。

第四条 社区慈善基金的名称由发起人（单位）协商确定，并以“广州市慈善会+街道（镇）名或居（村）+社区慈善基金”的形式命名。

第五条 社区慈善基金设有社区慈善基金管理委员会（简称管委会），管委会由社区慈善基金发起人（单位）组建，负责社区慈善基金日常的监督和管理。

第六条 社区慈善基金一般由发起人（单位）向广州市慈善会捐赠3万元以上（含本数）人民币作为设立的启动资金。设立的启动资金也可由广州市慈善会予以支持。

第七条 设立社区慈善基金时，发起人（单位）需提供如下资料：

1. 社区慈善基金申请表（包括社区慈善基金的名称及金额，捐赠意向及管理、使用要求）

2. 发起人（单位）有效证件复印件

3. 发起人（单位）简介

4. 管委会人员构成及简介

5. 其他约定需要提供的材料。

广州市慈善会同意发起人（单位）申请设立社区慈善基金的，应当与发起人（单位）签订协议，约定双方权利义务以及根据本指引需要明确的其他事项。

第八条 社区慈善基金主要用于本街（镇）或居（村）辖区范围内的公益慈善活动，主要范围如下：

（一）资助和支持改善社区教育、科学、文化、卫生、体育、环保、扶贫、济困、扶老、救孤、助残、恤病、优抚、救灾等方面的慈善项目；

（二）资助和培育社区组织的建设和发展；

（三）资助和发展社区志愿服务，激发社区参与活力；

（四）改善社区公共服务设施，建设幸福社区，促进乡村振兴和社区共建共治共享；

（五）开展慈善宣传，传播人人慈善为人人的理念；

（六）其他符合《中华人民共和国慈善法》规定的项目。

第九条 社区慈善基金管委会由不少于5人，不多于11人的单数组成，街道办事处（镇政府）需派员参加，其他成员由主要捐赠人、发起人、居民代表、熟悉基金运作的人员等组成。管委会成立时应召开推举会议协商产生管委会成员，并在管委会成员中产生主任1名、秘书长1名，管委会成员名单须在社区进行公示。

第十条 管委会应建立会议制度，原则上每季度至少召开一次。会议由管委会主任负责召集和主持，须有超过三分之二的委员出席方能召开，会议决议须经管委会成员超过三分之二通过方为有效。管委会负责基金的募集、使用、信息公开等事项。

第十一条 在管委会成员以外的有影响力、服务能力的居民代表、社会组织代表等中产生监督成员3名，并在社区进行公示。监督成员列席管委会会议，监督管委会和社区慈善基金运行情况。

第十二条 社区慈善基金资金由发起人（单位）捐赠或管委会组织链接资源，在社区筹集、接收社区爱心捐赠。社区慈善基金也可与广州市慈善会联合开展慈善项目公开募捐。

第十三条 广州市慈善会要主动为基金链接社会资源，帮助基金募集资金。

第十四条 社区慈善基金需要公开募捐的，须向广州市慈善会提交募捐方案，包括募捐目的、起止时间和地域、活动负责人姓名和办公地址、接受捐赠方式、受益人、监督方式，以及符合慈善宗旨和财务管理规定的募得款物用途预算、募捐成本预算、剩余财产的处理等内容。

开展公开募捐时，社区慈善基金管委会及广州市慈善会按慈善法的相关规定开展公开募捐活动。

第十五条 管委会审议决定社区慈善基金项目发起及项目实施机构。管委会或所委托社会组织提出项目的筹资、资助、服务、救助等具体的项目方案，包括但不限于目标、周期、预算、成效等需报管委会审议。

第十六条 社区慈善基金项目可由管委会直接实施或委托社会组织、社区内志愿服务团体等实施。

第十七条 社区慈善基金不具备独立的法人资格，须接受广州市慈善会的财务监督和管理。广州市慈善会对社区慈善基金实行专项统一管理、独立核算。

第十八条 社区慈善基金运营管理费用最多不超过基金当年总支出金额的13%，具体要求参照《民政部财政部国家税务总局〈关于慈善组织开展慈善活动年度支出和管理费用的规定〉的通知》。

第十九条 社区慈善基金的年度资金支出原则上不低于上年收入的70%。如低于70%，广州市慈善会有调用资金用于慈善项目的建议权，直至其支出达到规定额度标准。如基金设立人对广州市慈善会的书面建议没提出异议的，广州市慈善会可调用资金用于同类型慈善项目。

第二十条 社区慈善基金信息公开严格按照民政部《慈善组织信息公开办法》的相关规定执行。管委会还应在街道（镇）或居（村）设立公示栏，对基金日常运作、开支、变动等实时公开。会议纪要、年度报告、年度财务预决算报告等重要信息及时在社区公布，并报广州市慈善会备案。

第二十一条 社区慈善基金应至少每3个月向广州市慈善会报告基金运作情况，实时报备基金的重大事项。广州市慈善会对基金开展定期审计监督。

第二十二条 社区慈善基金在运作过程中严重违反规定或协议约定的，广州市慈善会有权暂停或终止基金的运作。

第二十三条 社区慈善基金资金低于启动资金，且时间持续一年以上

（含）的，或基金一年以上（含）未使用且无捐赠资金收入的，基金发起方应提交整改报告，如一年后无改善的，广州市慈善会有权暂停或终止该社区慈善基金。

第二十四条 社区慈善基金清算后的剩余资产按照协议约定处理，并将注销公告及资金使用情况在社区公示。

第二十五条 街道办事处（镇政府）负责积极推动社区慈善基金成立，并为社区慈善基金提供必要的支持，包括办公场地、人员、资源对接等。

第二十六条 广州市慈善会负责基金的财务管理、日常监管、专业支持、公开募捐等工作。

第二十七条 广州市慈善会委托广州市善城社区公益基金会负责对本会社区慈善基金的设立咨询、项目支持、能力建设、培育引导、资金监管等服务。

第二十八条 本服务指引自正式发布之日起生效，试行2年，其解释权和修改权归广州市慈善会、广州市善城社区公益基金会。

广州市慈善会社区慈善捐赠站点合作服务指引（试行）

第一条 为贯彻落实市委市政府关于创建“慈善之城”和实施“社工+”战略的决策部署，促进全市社会工作与慈善事业高质量融合发展，加强保障和改善民生，营造共建共治共享的社区治理格局，结合工作实际，制定本指引。

第二条 本指引所称广州市慈善会社区慈善捐赠站点（以下简称“社区慈善捐赠站点”），是指本市行政区域内的社工服务站〔家庭综合服务中心，以下简称“社工站（家综）”〕，为规范、合法地开展公开募捐等慈善活动，发挥社工在社区的专业服务优势，与广州市慈善会合作，为社区居民群众参与慈善活动、链接慈善资源，开展募集款物活动而设立的服务平台。

第三条 社区慈善捐赠站点的运作由承接运营社工站（家综）的社会工作服务机构负责，严格按照《中华人民共和国慈善法》《广州市社会工作服务条例》《慈善组织公开募捐管理办法》《广州市社工服务站（家庭综合服务中心）管理办法》等执行。包括社区慈善资源的募集、使用、信息公开等事项。

第四条 社区慈善捐赠站点命名格式根据“广州市慈善会＋社工站（家综）全称＋社区慈善捐赠站点”的形式命名。

第五条 社区慈善捐赠站点业务职能：

（一）接收慈善款物捐赠；

（二）开展慈善救助、志愿服务；

（三）组织实施慈善项目活动；

（四）搭建资源对接平台；

（五）传播慈善文化；

（六）设立方需开展的其他慈善工作。

第六条 社区慈善捐赠站点物资募集：

（一）捐赠物资需求。社会工作服务机构可结合捐赠站点实际制定“物资捐赠需求清单”，提出物资需求募捐方案，明确接收捐赠物资种类、数量等，并要求捐赠物资必须符合质量等相关要求。

（二）开展联合募捐。社会工作服务机构向广州市慈善会提交募捐方案，包括募捐目的、起止时间和地域、活动负责人姓名和办公地址、接受捐赠方式、受益人、监督方式，以及符合慈善宗旨和财务管理规定的募得物资用途预算、募捐成本预算、剩余财产的处理等内容。

（三）公开募捐资质。社区慈善捐赠站点提交募捐方案获得广州市慈善会同意后，应在显著位置摆放公开募捐资格证书、募捐方案。

（四）捐赠物资评估。社会工作服务机构按规定做好日常物资捐赠接收工作，及时对捐赠物资应否接收做出准确的判断，对捐赠物资不予接收的，应向捐赠者作出明确的解释。

（五）捐赠物资验收。社会工作服务机构对接收的物资进行分拣整理，接收大宗捐赠物资要按照捐赠单位提供的物资清单进行验收，按不同种类分类放置。

（六）捐赠协议签订。社会工作服务机构应根据捐赠者意愿签订捐赠协议并开具捐赠收据，必要时应回赠捐赠证书或纪念品，对捐赠者的捐赠善举表示感谢。

（七）捐赠物资登记。社会工作服务机构每次接收捐赠的物资，必须造册登记，如实填写捐赠者名称、捐赠日期、物品名称、数量等。

（八）捐赠物资发放。当社区慈善捐赠站点接收的物资储存到一定数量时，应拟定发送方案，及时将物资分配给到社区困难人员。

第七条 社区慈善捐赠站点资金募集：

（一）项目发起。社会工作服务机构作为社区慈善捐赠站点项目发起机构，提出项目的筹资、资助、服务、救助等具体的项目方案，包括但不限于目标、周期、预算、成效等；

（二）制定募捐方案。社会工作服务机构向广州市慈善会提交募捐方案，包括募捐目的、起止时间和地域、活动负责人姓名和办公地址、接受捐赠方式、受益人、监督方式，以及符合慈善宗旨和财务管理规定的募得款物用途预算、募捐成本预算、剩余财产的处理等内容。

（三）开展联合募捐。社会工作服务机构与广州市慈善会开展联合公开募捐活动，依托社工站（家综）平台摆放募捐箱等方式开展公开募捐。并在显著位置摆放公开募捐资格证书、募捐方案。

第八条 社区慈善捐赠站点捐赠款物使用：

（一）社区慈善捐赠站点接收的捐赠款物可优先用于本社区慈善服务，支持设立社区慈善基金，或按照捐赠协议的约定使用。

（二）社会工作服务机构负责社区慈善捐赠站点项目的直接实施，向广州市慈善会提出用款申请，并制定项目实施方案。

（三）社会工作服务机构应当自接受社会捐赠之日起十五个工作日内在市社会组织信息发布平台公布相关信息，并在年度报告中披露捐赠款物使用等有关情况。

第九条 社区慈善捐赠站点捐赠款物监管：

（一）社区慈善捐赠站点的财务管理。社区慈善捐赠站点不具备独立法人资格，须接受广州市慈善会的财务监督和管理。广州市慈善会对社区慈善捐赠站点的捐赠资金实行专项统一管理、独立核算。

（二）社区慈善捐赠站点的信息公开。社会工作服务机构在社工站（家综）设立公示栏，对捐赠站点日常运作、开支、变动等实时公开。会议纪要、年度报告、年度财务预决算报告等重要信息及时在社区公布，并报广州市慈善会备案。

（三）社区慈善捐赠站点的审计监督。社会工作服务机构应至少每6个月向广州市慈善会报告捐赠站点运作情况，实时报备重大事项。广州市慈善会对社区慈善捐赠站点的资金使用情况开展定期审计监督。

第十条 社区慈善捐赠站点在运作过程中严重违反规定或协议约定的，广州市慈善会有权暂停或终止该捐赠站点的运作。

第十一条 社区慈善捐赠站点终止后的剩余资产按照协议约定处理，并将终止公告及资金去向在社区公示。

第十二条 各街道办事处（镇政府）负责慈善捐赠站点的日常监管，并为慈善捐赠站点提供必要的支持，包括办公场地、人员、资源对接等。

第十三条 广州市慈善会负责捐赠站点的财务管理、日常监管、专业支持、公开募捐等业务。

第十四条 负责社区慈善捐赠站点的社工站（家综）所属的社会服务机构变更时，社区慈善捐赠站点应在街道办事处（镇政府）的监督下转交至负责运营的社会服务机构。

第十五条 广州市慈善会委托广州市善城社区公益基金会负责社区慈善捐赠站点的设立咨询、项目支持、能力建设、日常监管等服务。

第十六条 本服务指引自正式发布之日起生效，试行2年，其解释权和修改权归广州市慈善会、广州市善城社区公益基金会。

广州市民政局关于印发《广州市实施“社工+慈善”战略工作方案》的通知

穗民〔2019〕166号

各区民政局、全市各社会组织：

现将《广州市实施“社工+慈善”战略工作方案》印发给你们，请结合实际认真贯彻执行。执行中遇到问题，请径向市民政局（慈善事业促进和社会工作处）反映。

广州市民政局

2019年4月30日

广州市实施“社工+慈善”战略工作方案

为落实市委市政府关于创建“慈善之城”和实施“社工+”战略的决策部署，促进全市社会工作与慈善事业高质量融合发展，加强保障和改善民生，营造共建共治共享的社区治理格局，现制定本方案。

一　指导思想

以习近平新时代中国特色社会主义思想为指导，全面贯彻党的十九大精神，深入贯彻习近平总书记对广东重要讲话和对民政工作重要指示精神，坚持以人民为中心的发展思想，践行“民政为民、民政爱民”理念，整合镇（街）、村（居）、慈善组织、社工机构、志愿团体、企事业单位和居民等多方力量，聚焦脱贫攻坚，聚焦特殊群体，聚焦群众关切，更好履行基本民生保障、基层社会治理、基本社会服务等职责，着力打造“社工+慈善”战略可持续发展样本，为我市建设国际大都市，实现老城市新活力和“四个出新出彩”提供支撑。

二 基本原则

（一）坚持党建引领。发挥市、区社会组织党委、市社会工作行业党委和镇政府（街道办事处）、社区（村）居委会党组织的政治引领和示范带动作用，确保“社

（二）强化专业支撑。发挥社工、志愿者、慈善从业人员在困难救助、矛盾调处、人文关怀、心理疏导、行为矫治、关系调适、资源协调等社区服务中的专业优势，体现专业素质和职业价值，提升服务质量。

（三）突出服务兜底。以聚焦民政重点服务对象亟待解决的实际问题为导向，结合幸福社区建设，发挥“社工＋慈善”在基本民生保障领域的积极作用，扩大慈善服务的广度和深度，实现服务对象精准、服务手段精确、服务内容精细、服务质量精致、服务成效精彩。

（四）优化资源供给。广泛动员镇政府（街道办事处）、社区（村）居委会、企事业单位、慈善组织、社工机构、志愿团体以及慈善人士、社区居民等多元主体参与，形成人人参与、人人尽力、人人共享的新格局。

三 工作目标

通过实践探索，力争我市“社工＋慈善”运行机制健全，工作指引规范，慈善捐赠站点布局合理，社区慈善基金（会）发展有序，“社工＋慈善”品牌项目打造有力，“社工＋慈善”活动特色鲜明，推动解决一批社区困难群体迫切期待解决的问题，助力民生保障和社区治理工作出新出彩。

四 工作任务

（一）健全社区“社工＋慈善”制度体系

结合广州市社区实际，制订社区慈善捐赠站点服务指引、社区慈善基金服务指引、社工站项目督查制度、社工站项目评估办法等制度文件，加强对社区慈善基金、慈善捐赠站点、“社工＋慈善”活动以及社区慈善资源募集运作、信息公开等方面的规范管理，营造合法、规范、专业的“社工＋慈

善”发展环境，逐渐形成横向配套、纵向衔接的具有广州特色的“社工＋慈善”制度体系。

（二）设立社区慈善捐赠站点

推动设立慈善捐赠站点，赋予慈善捐赠功能，形成下沉社区、服务群众的全市慈善捐赠网络。推动全市社工站成为社区居民群众参与慈善活动、链接慈善资源的服务平台，承担社区慈善捐赠功能，并引导和鼓励社工站与具有公开募捐资格的慈善组织合作开展募集款物活动。在取得实践经验的基础上，向全市各社工站铺开。

（三）发展社区慈善基金（会）

镇（街道）可通过在市、区慈善会或其他具有公开募捐资格的慈善组织设立专项基金等形式成立社区慈善基金。有条件的镇（街）可由捐赠人、镇政府（街道办事处）、社区（村）居委会、承接驻地社工站的社工机构、志愿团体、居（村）民代表以及市、区慈善会等联合发起成立社区慈善基金会。启动资金可由市、区慈善会或其他慈善组织予以支持，后期通过各种渠道向社会募集，主要用于本辖内开展的各项社区公益服务，由镇政府（街道办事处）、社区（村）居委会、承接驻地社工站的社工机构按照社区慈善基金服务管理指引的规定具体运作，形成“由社区来，到社区去”的“社工＋慈善”战略协同发展运作模式。

（四）打造“社工＋慈善”品牌服务项目

结合社工站“113X”模式，围绕民政重点服务领域，特别是社区扶老、助困、恤孤、助残及社区治理等方面设计慈善服务项目，由社区慈善基金（会）为慈善服务项目提供资金支持。首个项目以“耆乐安居”长者居家安全社工服务项目为试点，其他项目由各个社工站先行推进实施，按照“成熟一个培育一个”原则，重点打造一批创新性强、示范性好“社工＋慈善”品牌服务项目。

（五）实施“社区公益微创投”活动

依托社区慈善基金每年举办“社区公益微创投”活动，广泛收集社区民政重点服务对象迫切需要解决的问题，通过发动社区各方力量，链接社区多方资源来解决，形成社区慈善资源共募共用共享机制，使“社区公益微创投”活动成为支持社区社会组织发展，反映困难群众意愿，解决困难群众问题，推动社区自治的民生品牌。

（六）建设社区联合劝募平台

通过与市、区慈善会或其他具有公开募捐资格的慈善组织合作，在“广益联募”等民政部指定的互联网募捐信息发布平台建设长期为社区联合劝募活动服务的平台专栏，依托“互联网+”优势，为社区慈善基金和慈善捐赠站点的慈善服务项目提供便利的互联网捐赠服务，筹集更多社会资源。

（七）推动社区志愿服务

以广州市公益“时间银行”服务平台建设为基础，推动社区志愿服务工作，鼓励社区居民自愿以自己的时间、知识、技能、体力、财力等参加所在社区的志愿服务活动，积累服务时间，储存服务时间，获取及兑换具有社会价值与经济价值的时间积分，实现“时间换服务”、“时间换资源”、“时间换社区共治共享”的可持续发展的社区志愿服务机制。

（八）完善评估和激励机制

运用需求评价、绩效管理、跟踪反馈和监督检查等方法对社区慈善服务项目予以综合评估。每年通过组织大型慈善活动提供宣传平台、联合募捐、定向捐赠和协议资助等方式，支持资助一批服务精准、成效突显的项目。

（九）加强专业人才培养

结合“中华慈善日”“广州社工宣传周”“99公益日”等时机，举办系列“社工+慈善”专题讲座，学习《中华人民共和国慈善法》《广州市社会工作服务条例》等政策法规，加大“社工+慈善”综合素质人才的培养力度，形成跨界合作的人才培养机制。

五 实施步骤

工作按照全面启动、稳步推进、总结提高三个阶段有序进行，时间为2019年1月至12月底。

（一）全面启动阶段（2019年5月前）

1. 制定工作方案；

2. 设立首批慈善捐赠站点；

3. 启动首个社工+慈善品牌服务项目；

4. 推进广州市公益“时间银行”服务平台建设；

（二）稳步推进阶段（5月至9月底）

1. 制定相关制度文件指引；

2. 推动设立一批社区慈善基金（会）；

3. 指导首个“社工+慈善”品牌服务项目实施；

4. 广州市公益“时间银行”服务平台试运营；

5. 组织“社工+慈善”人才培训；

6. 开展“社区公益微创投”活动；

7. 完成其他相关工作；

（三）总结提高阶段（10月至12月底）

梳理总结工作经验，召开“社工+慈善”工作总结推进会，建立完善长效工作机制。

六　工作分工

市民政局：负责统筹全市“社工+慈善”战略的规划和实施，指导和协调区民政局和市慈善服务中心、市慈善会、市社工协会、市广益联合募捐发展中心、市善城社区公益基金会等单位开展工作。

区民政局：负责统筹本辖区“社工+慈善”战略的实施，协调本辖区各镇政府（街道办事处）、社区（村）居委会、社工机构、慈善组织、志愿团体等落实本方案的工作安排。

镇政府（街道办事处）、社区（村）居委会：负责落实和协调本辖区内社区慈善捐赠站点、社区慈善基金（会）、“社区公益微创投”活动等具体工作任务。

市慈善服务中心：负责统筹指导市、区慈善会、市善城社区基金会、市广益联合募捐发展中心等单位制定社区慈善基金、社区慈善捐赠站点等服务指引，打造“社工+慈善”品牌服务项目，加强专业人才培养。

市、区慈善会：负责管理社工站点所募集资金，建立募用分离、联合募捐、定向捐赠等多元捐赠和资金支持体系，提供社区慈善基金启动资金，印发社区慈善基金、社区慈善捐赠站点等服务指引，发挥引领示范作用，带动更多的慈善组织参与社区公益慈善。

市社会工作协会：负责协调全市社工站资源，指导社工+慈善战略在全市推广落实，并完善评估和激励机制。

承接社工站的社工机构：负责慈善捐赠站点的设立和日常管理，社区慈善基金运作、资金募集，收集民政重点服务对象迫切需要解决的事宜，并设立实施慈善服务项目等具体工作。

市善城社区公益基金会：指引镇政府（街道办事处）、社区（村）居委会、承接社工站的社工机构等发起人做好基金的设立、资金募集、项目运作管理，牵头开展“社区公益微创投”活动，组织专业人才培训等。

市广益联合募捐发展中心：负责建设社区联合劝募平台，在“广益联募”平台为社区联合劝募活动、社区慈善基金和慈善捐赠站点的慈善服务项目开设专栏，提供便利的互联网捐赠服务。

七　工作要求

（一）加强领导，稳步推进。按照党委领导、政府主导、社会参与、人人共享的原则，由市、区民政局会同各镇政府（街道办事处）、社区（村）居委会、承接社工站的社工机构、慈善组织、志愿团体等实施，建立沟通协调机制、执行机制、评估机制、监督机制等，确保各项工作有序推进。

（二）保障经费，积极宣传。各单位要将“社工+慈善”战略纳入全年重点工作内容，加强经费保障，积极宣传推广。充分发挥社区慈善基金和慈善捐赠站点的引领带动、支持作用，广泛募集服务项目资金，实现服务项目的制度化、常态化和标准化。主动邀请主流媒体和互联网新媒体宣传工作实施情况，利用公益广告宣传平台，用贴近群众的语言和喜闻乐见的方式，营造浓厚的宣传氛围。

（三）强化实效，严格监督。各单位要按照职责分工，明确目标、细化措施、落实责任、积极创新地开展工作，确保取得实实在在的成效，为困难群众解决迫切需要解决的问题。同时按照《广州市民政局关于印发深化“羊城慈善为民”行动创建全国“慈善之城”之“尽善净行”工作方案的通知》要求，加强监督管理，确保项目运作的公开透明，建立风险防范机制，制定应急预案，确保机构、人员、资金、项目安全。

Abstract

At the fourth Plenary Session of the 19th Central Committee of the CPC, special emphasis on full effect of the third distribution was proposed to develop philanthropy and other social welfare. Philanthropy becomes the crucial part of the economic system of socialism, social welfare system for urban and rural residents, and social governance system based on collaboration and broad participation with the goal to bring benefits to all. This is the new positioning the Party Central Committee defines for philanthropy and the strategic guideline for innovative development of the philanthropy with Chinese characteristics. Philanthropic development is unified into the whole governance system and the blueprint of the modernization of the capacity for governance, the need to accelerate the modernization of philanthropy is therefore highlighted.

Year of 2019 is the70^{th} anniversary of the PRC, it is also a remarkable year for Guangzhou in the course of the philanthropic development. The city of philanthropy is continuously advanced and remains a sound development. To be specific, the number of charitable organizations achieves a rapid growth, the percentage of charitable organizations registered in district-level increases, the number of charitable organizations qualified for public fundraising rises. Besides, foundations and charitable trusts become the new alternatives for enterprise philanthropy, community philanthropy becomes new growth point for Guangzhou's philanthropy, the institutionalization of voluntary service is further advanced and the informatization is greatly improves. What's more, hub-like charitable organizations fully function and the polymerization effect of charitable service begins to be visible.

2020 is the decisive year of completely building a moderately prosperous society in all respects and the final of the 13th Five Year Plan, at the same time, it is also the beginning of the 14th Five Year Plan. To facilitate the modernization of

Guangzhou's philanthropic development, this report proposes the suggestions as follows: widening the value and function of charity to construct the big philanthropy based on the new positioning made by the central government, encouraging initiatives from grassroot government to advance local philanthropic development, formulating a multiple-tier policy system to promoting charity. Besides, this report suggests advancing reform and innovation of charity federations and vitalizing foundations so as to promote them to push forward charity innovation, increasing total amount of charity resources and establishing a more balanced resource model which charity fundraising, investment income and service income account for a good percentage, integrating resources in all respects to make efforts on brand building of charitable activities and programs, and attracting extensive attention and participation. Moreover, the report proposes to clarify the target and the positioning of philanthropic talent cultivation, establishing a mode for philanthropic talent cultivation with inputs and efforts from multiple resources.

Contents

Ⅰ General Report

Abstract: The fourth Plenary Session of the 19th Central Committee of the CPC proposed to put special emphasis on full effect of the third distribution, developing charity and other social welfare, which provided the strategic guidance for the innovative development of charity with Chinese characteristics. Since then, philanthropic development is unified into the whole blueprint of the modernization of state governance system and capacity for governance. To accelerate modernization of philanthropy becomes important and urgent. This report analyzes the overall philanthropic development in Guangzhou, and reviews ten regulations closely related to charity after the Charity Law was officially released in three aspects of organization, resource and social basis. On the basis of the analysis, a series of strategic suggestions are proposed. To be specific, widening functions and values of philanthropy, constructing a big philanthropic development pattern and a policy supporting system embedding city, district and sub-district, promoting charity federations and foundations to function as engines for charity innovation, enlarging total amount of charitable resources, cooperatively constructing charity brands, optimizing the overall environment for philanthropic development and establishing a philanthropic talent cultivation model with efforts from multiple resources.

Keywords: Philanthropy; The Third Distribution; Charitable Organization; Guangzhou

Ⅱ Special Reports

B. 2 Research Report on the Development of Charitable Organizations in Guangzhou

Hu Xiaojun / 030

Abstract: Up to the Dec. 31st 2019, the number of charitable organizations recognized in both municipal and district level reached to 153, among which 48 organizations were newly added in 2019. It shows a faster growth compared with the data of 2018. A few development features of charitable organizations are shown as follows. Firstly, the number of charitable organizations registered in district level increases but the distribution in different districts are not balanced. Then, the development quality of different organizations is uneven and the number of organizations with 3A and above accreditations is small. As response, this report suggests that reform and innovation on charity federations should be made with more efforts and fully play their function as pivots. Besides, this report proposes to accelerate the professional and specialized talent cultivation for foundations and make foundations engines for charity innovation, and widely promote evaluation policy for social organizations and improve participation rate of evaluation. What's more, energizing grassroot government, integrating charity into the whole system of grassroot governance and public service are put forward as well, so as to form a policy supporting system with cooperation of municipal, district and sub-district.

Keywords: Charitable Organization; Foundations; Guangzhou

Abstract: In 2019, four charitable organizations were approved with public fundraising qualifications and the total number of such charitable organizations in Guangzhou reached to 14. The total number of public fundraising programs was 213 in the whole year of 2019. 119 programs were publicly funded as expected with total donation of RMB 39968000. These public donations are used in education, elderly care, culture and poverty alleviation which attracts 84% of the total amount. A few features of public fundraising in 2019 could be summarized in following aspects. Firstly, charity federation and red cross society account for a big percentage of public fundraising qualifications. Secondly, charitable organizations with public fundraising qualifications are not vigorous, especially the red cross society. Thirdly, completion rate of the public fundraising target increases while online fundraising contributes less.

Keywords: Public Fundraising; Charitable Organization; Guangzhou

Abstract: This report analyzes the data of the China Family Panel Studies (CFPS) and finds that finger charity has been the primary choice for public donation, which stimulates the formulation of national charity environment. The third-party online donation platform shows its significance. Taking United for

Charity as an example of the third-party donation platform, this report shows the current situation and the main problems of online public fundraising platform. What's more, combining personal online donation behavior, policy suggestions and reference are made in the report to better develop online public fundraising platform and encourage online charity donation.

Keywords: Charity Donation; Online Donation; United for Charity

Abstract: Short after the COVID-19 spread, charitable organizations began to involve in the epidemic prevention and control and played an irreplaceable role. This report categorizes the policy process into three stages: mobilization, regulation and guidance. Charitable organizations participate in epidemic prevention and control through introducing social resources, organizing voluntary service, providing psychological assistance and supporting the poor etc. This report tries to summarize the main experience in the end including policy advocacy, strengthening regulation, providing philanthropic service, stressing on cooperation between government and the society and the cooperation among charitable organizations.

Keywords: Power of Philanthropy; COVID-19 Epidemic Prevention and Control; Policy Guidance; Guangzhou

Abstract: Guangzhou's charitable organizations integrate multiple social resources into poverty alleviation and achieves remarkable effect. Based on the preliminary analysis on the textual documents of poverty alleviation task which Guangzhou charitable organizations participate in, the efforts are mainly made in education, health and voluntary service. The characteristics are summarized in the report. To be specific, party building takes the lead, charitable organizations are well organized to participate, the charity federation functions as a municipal charitable platform, poverty alleviation programs are featured in providing assistance and empowerment, and working pattern transfers from organizing the activities with a wide coverage to implementing programs with clear target. Moreover, suggestions are put forward in the report. In the era of post poverty alleviation, leading position of party building should be further stressed, coordinative role of charitable organizations in participating in poverty alleviation should be clearly positioned. Besides, participation institutionalization of social work needs to be normalized, the subjectivity of anti-poverty practitioner should be empowered and charitable organizations' participation needs to be integrated into modernization of urban social governance.

Keywords: Charitable Organization; Poverty Alleviation; Participation Model

B. 7 Report on Voluntary Service in Guangzhou

Zhong Jinxiu and Wang Zhongping / 106

Abstract: Voluntary service in Guangzhou achieved an accelerated development in 2019. This report reviews the development of voluntary service in Guangzhou in 2019 in terms of voluntary service and urban development, management system of voluntary service, social involvement, service sectors and organization of voluntary service. In the meantime, Challenges on legal construction, resource exchange, specialization and innovation are analyzed. Future directions of voluntary service in Guangzhou is discussed at the end of the report.

Keywords: Voluntary Service; Public Participation; Guangzhou

Abstract: This report analyzes the data released in 2019 Guangdong-Hong Kong-Macau Greater Bay Area Social Impact Ranking List (Guangzhou) and the Ranking List of Guangzhou Philanthropy, and summarizes the features and trends of enterprise charitable donation. What's more, the report points out that comprehensive social impact of enterprises is closely related to their philanthropic contributions. The more contribution the enterprises make, the greater their social impact is.

Keywords: Enterprise Philanthropy; Social Impact; Guangzhou Charity Ranking List

Abstract: In 2019, Guangzhou promoted institutional innovation of community governance with community funds/foundations as the cut-in point. Relying on the developed system of social work service stations in communities and the resources and public fundraising qualifications of the charity federations, Guangzhou explores a localized pathway to develop community funds/foundations. This report shows development and challenges community foundations facing, and emphasizes on how community funds/foundations vitalize innate dynamics of communities and residents. Based on the discussion, suggestions are made to further promote sustainable development of community funds/foundations in Guangzhou, contributing to establish a social governance system based on collaboration and broad participation with the goal to bring benefits to all.

Keywords: Community Foundation; Community Governance; Resident Participation

Ⅲ Regional Reports

Abstract: This report summarizes main achievements and characteristics of philanthropy in Panyu District, and make suggestions for further advancing quality development of philanthropy in Panyu. In the development of philanthropy, diversification of participants, various approaches for participation, abundant programs and activities and wide-ranging groups are highlighted as main features. Philanthropy becomes a powerful tool to lay a solid foundation for grassroot governance and vitalize community, worthy of learning as reference.

Keywords: Philanthropy; Community Development; Panyu District

Abstract: Conghua District of Guangzhou is the pilot area of national rural governance system construction, issued by the Central Agricultural and Rural Work Leading Group and other departments. In recent years, Conghua district further implements the strategy of rural revitalization and in the meantime achieves great outcomes on philanthropic development. This report summarizes the main features of philanthropy in Conghua and elaborates the experience on advancing philanthropy. Relying on local advantages, Conghua makes continuous efforts on effectively integrating philanthropy with the development of rural economy, cultural tourism and rural community governance, and therefore a regional philanthropy brand is formulated.

Keywords: Philanthropy; Rural Revitalization; Rural Governance; Conghua District

Ⅳ Focal Topics

Abstract: Community philanthropy is a substantial part of Guangzhou's philanthropy system. With community governance innovation further advanced, Guangzhou Civil Affairs Bureau released the Workplan for Implementing the Strategy of Social Work Plus Philanthropy, covering nine initiatives which include setting up community donation stations, fostering community funds (foundations), organizing micro venture philanthropy in communities and establishing community united fundraising platforms etc. Making full use of social work stations all over the towns, social work and philanthropy are integrated and developed, grassroot communities are vitalized. Social resources are therefore led to grassroot communities to better serve community residents, promoting Guangzhou to take the lead in establishing a social governance system based on collaboration and broad participation with the goal to bring benefits to all.

Keywords: Social Work; Community Philanthropy; Convergence Development

Abstract: Promoting institutionalization of voluntary service is proposed in the report of the 19th Central Committee of the CPC, and improving voluntary service system is emphasized at the fourth Plenary Session of the 19th Central Committee of the CPC. Guangzhou's experience on promoting institutionalization of voluntary service lies in continuously strengthening integrated collaboration of voluntary service organizations in city, district, subdistrict (town) and village, improving laws and regulations to ensure reasonable rights of volunteers, laying stress on quality organizations and programs to fully play their exemplary roles, emphasizing on talent cultivation and establishing a systematic and progressive volunteer training system to improve capability of voluntary service, fully taking advantages of information technology to empower voluntary service and provide technical support for accuracy and specialization of voluntary service, and establishing time bank.

Keywords: Voluntary Service; Time Bank; Guangzhou

Abstract: Traditional paper donation invoice costs high human resources, time and complex procedures. While, electronic invoice has advantages over it in terms of traceability, verifiability, tamper-evident and anti-counterfeiting to ensure transparency of every single donation to charitable organizations and reliability of every single expense. To popularize electronic invoice could effectively promote efficiency of issuing and delivering of donation invoice, and encourage charitable organizations to process data online and ensure donors' legitimate interests.

Keywords: Charity Donation; Electronic Invoice; Preferential Taxation

Abstract: Abstract: A series of substantial outcomes are achieved since the city of philanthropy research base founded in Guangzhou. To better play the role of this research base, suggestions are made to stress on the research of philanthropic local legislation, city of philanthropy evaluation system and international comparative study of the city of philanthropy. So as to provide scientific theoretical guidance and decision-making reference, making positive efforts for establishing the philanthropic theory system with Chinese characteristics.

Keywords: City of Philanthropy; Theoretical Research on Charity; Guangzhou

Abstract: In February 2019, Outline Development Plan for the Guangdong-Hong Kong-Macao Greater Bay Area was released with special emphasis on setting up information system of cross-border social assistance in Guangdong-Hong Kong-Macau Greater Bay Area and collaborating on social welfare and philanthropy. The acceleration of construction of the Guangdong-Hong Kong-Macau Greater Bay Area brings new opportunities to philanthropy. As one of the core engines for regional development, Guangzhou actively promotes collaboration and communication on philanthropy in the past year and contributes to constructing the Bay Area with cultural connotation.

Keywords: Guangdong-Hong Kong-Macao Greater Bay Area; Philanthropy; Synergic Development

V Appendices

皮 书

智库报告的主要形式
同一主题智库报告的聚合

皮书定义

皮书是对中国与世界发展状况和热点问题进行年度监测，以专业的角度、专家的视野和实证研究方法，针对某一领域或区域现状与发展态势展开分析和预测，具备前沿性、原创性、实证性、连续性、时效性等特点的公开出版物，由一系列权威研究报告组成。

皮书作者

皮书系列报告作者以国内外一流研究机构、知名高校等重点智库的研究人员为主，多为相关领域一流专家学者，他们的观点代表了当下学界对中国与世界的现实和未来最高水平的解读与分析。截至 2020 年，皮书研创机构有近千家，报告作者累计超过 7 万人。

皮书荣誉

皮书系列已成为社会科学文献出版社的著名图书品牌和中国社会科学院的知名学术品牌。2016 年皮书系列正式列入“十三五”国家重点出版规划项目；2013~2020 年，重点皮书列入中国社会科学院承担的国家哲学社会科学创新工程项目。

中国皮书网

（网址：www.pishu.cn）

发布皮书研创资讯，传播皮书精彩内容
引领皮书出版潮流，打造皮书服务平台

栏目设置

◆ **关于皮书**

何谓皮书、皮书分类、皮书大事记、
皮书荣誉、皮书出版第一人、皮书编辑部

◆ **最新资讯**

通知公告、新闻动态、媒体聚焦、
网站专题、视频直播、下载专区

◆ **皮书研创**

皮书规范、皮书选题、皮书出版、
皮书研究、研创团队

◆ **皮书评奖评价**

指标体系、皮书评价、皮书评奖

◆ **互动专区**

皮书说、社科数托邦、皮书微博、留言板

所获荣誉

◆2008 年、2011 年、2014 年，中国皮书网均在全国新闻出版业网站荣誉评选中获得“最具商业价值网站”称号；

◆2012 年,获得“出版业网站百强”称号。

网库合一

2014年，中国皮书网与皮书数据库端口合一，实现资源共享。

S 基本子库
UB DATABASE

中国社会发展数据库（下设 12 个子库）

整合国内外中国社会发展研究成果，汇聚独家统计数据、深度分析报告，涉及社会、人口、政治、教育、法律等 12 个领域，为了解中国社会发展动态、跟踪社会核心热点、分析社会发展趋势提供一站式资源搜索和数据服务。

中国经济发展数据库（下设 12 个子库）

围绕国内外中国经济发展主题研究报告、学术资讯、基础数据等资料构建，内容涵盖宏观经济、农业经济、工业经济、产业经济等 12 个重点经济领域，为实时掌控经济运行态势、把握经济发展规律、洞察经济形势、进行经济决策提供参考和依据。

中国行业发展数据库（下设 17 个子库）

以中国国民经济行业分类为依据，覆盖金融业、旅游、医疗卫生、交通运输、能源矿产等 100 多个行业，跟踪分析国民经济相关行业市场运行状况和政策导向，汇集行业发展前沿资讯，为投资、从业及各种经济决策提供理论基础和实践指导。

中国区域发展数据库（下设 6 个子库）

对中国特定区域内的经济、社会、文化等领域现状与发展情况进行深度分析和预测，研究层级至县及县以下行政区，涉及地区、区域经济体、城市、农村等不同维度，为地方经济社会宏观态势研究、发展经验研究、案例分析提供数据服务。

中国文化传媒数据库（下设 18 个子库）

汇聚文化传媒领域专家观点、热点资讯，梳理国内外中国文化发展相关学术研究成果、一手统计数据，涵盖文化产业、新闻传播、电影娱乐、文学艺术、群众文化等 18 个重点研究领域。为文化传媒研究提供相关数据、研究报告和综合分析服务。

世界经济与国际关系数据库（下设 6 个子库）

立足“皮书系列”世界经济、国际关系相关学术资源，整合世界经济、国际政治、世界文化与科技、全球性问题、国际组织与国际法、区域研究 6 大领域研究成果，为世界经济与国际关系研究提供全方位数据分析，为决策和形势研判提供参考。

法律声明